穿越中國五千年 ❾

明朝

歪歪兔童書館 著繪

中華教育

前言
讓歷史更鮮活、更可愛一些

張永江

本書審訂人
（國家清史編纂委員會專家，中國人民大學歷史學院教授、博導）

　　作為一個大半生從事歷史研究、歷史教育的專業人員，數十年來，有兩大問題始終縈繞在我心懷：許多人為之竭盡心力的史學有何價值？怎樣才能把紛繁複雜的歷史知識有效傳達給社會公眾，並成為大眾知識的一部分？這也可以説是歷史學者的「終極之問」吧。

　　所謂歷史，就是已經逝去的過往一切。沒有文字之前，人類記憶的保存和傳遞基本上只能依靠口耳相傳。那時，構成歷史的記憶，多半是家族、部落的先輩的經歷、經驗和教訓。有了文字，就有了儲存、傳承歷史記憶的「利器」。歷史記憶，對於家族、部落乃至民族和國家都極為重要，是凝聚認同感的主要依託。對於個人，歷史也同樣重要，往往表現為潛意識下的集體認同情感和外在的生命智慧，滋養豐富着個體的精神世界。毫不誇張地説，古往今來，凡是卓然超羣的偉大民族和深謀遠慮的傑出人物，無一不吸收並受益於豐厚的歷史經驗的滋養。

　　在古典時代，華夏中國數千年的文明綿續不斷，累積了獨一無二的

豐厚的歷史記錄，皇皇巨著「二十四史」就是中國作為史學大國的明證。我們不光擁有三千年連續不斷的歷史記載，擁有浩如煙海的史學著述，還形成了堪稱發達的史學文化。「以史為鑒」、「秉筆直書」等等，都是中華民族史學之樹長青的精神養料。當然，中國史學發展到近代，也存在着一個重大缺陷，就是百多年前梁啟超指出的傳統史學缺乏「國民性」，都是以帝王將相為中心的歷史。為此，他呼籲「史學革命」，為創建「新史學」不遺餘力。實際上，舊史學除了記錄內容有「帝王中心」的問題外，還存在「形式」過於「莊嚴」，脫離廣大民眾、高高在上的問題。

近代以來，隨着近代化浪潮的影響，中國的文化轉型為各領域帶來了變化。史學也開始由統治階級主要用於「資治」的「高大上」功能而定位於「廟堂」之上，逐漸放低「姿態」，全面容納社會生活；體裁上以西方史學為藍本的章節體史書，搭配淺顯易懂的白話文敍述，使社會公眾對史學有了更多的親切感。關心史學的人士也由過去狹窄的士大夫精英階層擴大到一般的知識界，並經由中學教科書體系連接到未成年人世界。這種改變當然是可貴的，但還遠遠不夠。歷史的普及教育仍然有一個門檻，那就是必須具備了中學以上學歷或識字水平才能進入歷史世界。這看似不算高的門檻，事實上將億萬兒童擋在了歷史殿堂之外。

現在面臨的一個重要的問題是，如何讓靜態的歷史鮮活起來，化繁為簡，讓「莊嚴可敬」的歷史更接地氣，趣味橫生？

前人已經付出了很多努力來探索這種可能性。早在清代，就已出現了通俗性的歷史讀本《綱鑒易知錄》。學富五車的梁啟超、胡適都是通

過這部書來啟蒙史學的。歷代都有人通過小說、戲曲、詩詞等藝術形式表現歷史，影響較大的如《三國演義》、《説唐傳》。近數十年，由專業學者編寫的普及性的歷史讀物覆蓋了歷史上的重大事件、人物傳記，人們創作了大量的連環畫來展現歷史，歷史題材的小說如《少年天子》、《雍正皇帝》，影視中的清宮戲，電視節目中的《百家講壇》等，更是令人目不暇接。但是，藝術表現的歷史，並非都是真實的歷史，歪曲、誇大、臆造、戲說的「歷史」所在多有。新形式不僅沒有幫助兒童獲取正確的歷史知識，兒童讀者反而因為缺乏鑒別能力而有可能被誤導。系統地、準確地、正確地向廣大社會公眾傳達真實的歷史知識，仍有待專業的歷史研究者努力。

史學知識普及的難點在於，難以兼顧通俗性與嚴肅性。通俗性要求讀者喜聞樂見，情節生動有趣。但傳統史學本身關注的內容毫無趣味，研究更需要嚴謹細緻，過程枯燥乏味。於是就出現了兩個極端：專業研究者謹慎嚴格，研究結果只在「圈內人」中傳播；社會公眾中的史學愛好者興趣盎然，對資料卻真偽不辨，良莠不分，傳播的只能是戲說的「歷史」。歷史產品的「出品方」雅俗分離，兩者漸行漸遠，普羅大眾更多接受的是後者。

可喜的是，近年來這種困境有了新的突破，就是專業史學研究者與業餘歷史愛好者雙方在編輯、出版者的撮合下走到一起，分工合作，面向廣大兒童、青少年推出了新型故事。首先試水的是「漫畫體」的歷史故事，以對話方式推進故事，受到學齡前後兒童和家長的喜愛，在市場上大獲成功。新文本雖然形式活潑，但內容也經專家審定，並無虛構。

歪歪兔的這套《穿越中國五千年》，可以看作是「漫畫體」的升級版，面向的是中小學階段的讀者。全書分十冊，涵蓋了從遠古到清代的漫長時期，按階段劃分成卷，完全符合歷史發展順序，可以視作「故事體」的「少年版中國通史」。敍事上，避免了以往歷史讀物常見的簡化版枯燥的「宏大敍事」問題，而是每冊選取三十個左右的歷史故事，通俗形象地展示這一時期的歷史概貌。

作為本書的審訂人，我認為這套書有以下特色和優點：

所採擷的歷史故事真實、經典，覆蓋面廣，屬大眾喜聞樂見、耳熟能詳者。

本書由具有深厚史學功底的歷史學者、知名歷史類暢銷書作家合力撰寫，故事根據《左傳》、《戰國策》、《史記》、《漢書》、《資治通鑒》等歷史典籍編寫，參考最新的權威考古研究報告，以適合小讀者的語言進行講述，生動有趣地還原真實的歷史事件，讓歷史更加鮮活。每篇故事中的生僻字都有注音，古代地名標明現今位置，生僻官職名稱、物品名稱也有相關解釋，掃除了閱讀障礙。

編排設計合理，強調對歷史線的梳理，簡要勾勒出一部中國歷史大觀。故事之間彼此呼應，有內在的邏輯關係。

本書精選的二百七十個歷史故事，基本涵蓋了中國歷史發展過程中重要的時間點和歷史大事件。小讀者通過這套書，可以清楚地了解到從

距今約七十萬年的周口店北京人到 1912 年清朝滅亡期間王朝的興衰和歷史發展過程。

💡 **內容豐富，知識欄目多，便於小讀者在學習歷史的同時，豐富文化知識，開拓視野。**

每一篇除故事主體外，還大致包含以下欄目內容：

好玩的副標題，激發小讀者的閱讀興趣。

知識加油站，選取與歷史故事相關聯的知識點，從文化、文學、科學、制度、民俗、經濟、軍事等角度，擴展小讀者的知識面，讓他們了解生活中方方面面的事物都是隨着歷史進程而發展、發明出來的，在增加歷史文化知識的同時，更直觀地理解古人的智慧和歷史的發展規律。

當時的世界，將中國歷史與世界歷史同時期的事件進行對比展示，開闊孩子的視野，培養孩子的全局觀。

💡 **文風活潑生動，圖文並茂，可讀性強。結合中小學生的實際生活，運用比喻、類比、聯想等手法敘事，幫助小讀者真正從歷史中獲得對實際生活的助益。**

時代在進步，文化也在按照自己的邏輯演進。新的世代有幸生活在「全球一體化」的文化交融時代，他們能夠並正在創造出超越前人的新

文化。歷史的海洋足夠廣闊深邃，充分擷取其滋養，豐富個人精神，增進民族智慧，是我們每一個歷史學者的志願！

2021 年 8 月 15 日於京城博望齋

| | 穿越指南——明朝 | 2 |

| | 皇帝封自己為大將軍 | 46 |
| | 愛玩的明武宗 | |

- 朱元璋稱帝　6
小乞丐逆襲記

- 王陽明創立心學　50
「聖賢」是怎樣煉成的？

- 建文帝削藩　10
憂鬱少年的煩惱

- 「大禮議」事件　54
這個皇帝愛煉丹

- 靖難之役　14
王爺突然不瘋了

- 大奸臣嚴嵩　58
道士皇帝的「傳聲筒」

- 永樂大典　18
一部超齊全的大百科

- 民族英雄戚繼光　62
他把倭寇趕跑了

- 鄭和下西洋　22
揚帆，出海

- 備棺上書的海瑞　66
提意見還要不怕死

- 仁宣之治　26
父子二人造治世

- 隆慶新政　70
明朝難得一見的好皇帝

- 土木堡之變　30
皇帝被敵人抓走了

- 張居正改革　74
皇帝的老師當了政

- 于謙守北京　34
粉身碎骨全不怕

- 懶惰的萬曆　78
大臣都見不到的皇帝

- 奪門之變　38
皇帝復位記

- 大明軍隊援朝　82
一次海外援助

- 明孝宗弘治中興　42
吃百家飯長大的皇帝

- 「爭國本」事件　86
大臣為皇帝出頭

■ **木匠皇帝朱由校**   90
又一個荒唐的皇帝

■ **魏忠賢弄權**   94
只比皇帝少一千歲

■ **用大炮來守城**   98
不一樣的袁崇煥

■ **李自成起義**   102
一個郵差失業帶來的後果

■ **明朝的覆亡**   106
這個皇帝太多疑

■ **小說的繁榮**   110
小說家的自我修養

■ **明朝的科技**   114
黑暗時代的一束光

穿越指南 ▮▮▮▶ 明朝

　　來到明朝，有一點可能會讓你吃驚，那就是如果你很窮困，你會有「醫保」，看病不用花錢。此外，明朝有政府辦的安老院，去書院讀書也不需要花錢。但是如果你住在南方，因為比北方富庶，稅金會比較高，除了種糧食要交稅，還有絲稅、商業稅，等等。

　　前面說過，宋朝是讀書人的天堂，元朝很長一段時間都沒有科舉考試，到了末期才慢慢恢復。而到了明朝你會發現，科舉考試已經成為選拔官員的標準，但是多了很多規矩。在宋朝時我建議你一定要買的《四書章句集注》，這時就派上用場了。明朝科舉的題目就是從朱熹（xī，粵音希）選的四書五經裏出的，這些書成了每一個想當官的讀書人必讀的書。

　　考試的出題範圍有了，那麼考題是哪種形式呢？就是讓好多小朋友頭痛的作文。但是明朝科舉考試的作文和我們平時寫的作文有很大的區別，它有很多規矩。它規定作文必須按照固定的格式寫，分為八個部分，每個部分都有相應的寫法。這種作文被稱為「八股文」。你在明朝會看到，小孩從剛開始讀書那時候，就要不斷練習練習再練習，學寫這種八股文。

你是不是覺得這樣寫作文太死板了呢？
是，但這是規矩，必須遵守。不按照規矩做，
後果會很嚴重，甚至有可能被殺頭。

大家知道特殊的「殊」字吧？提醒你一
下，這個字在明朝開國皇帝朱元璋執政時千萬
不能隨便寫。因為它是由好歹的「歹」和「朱」
組成的，朱元璋認為寫這個字的人是在罵他不
好，所以殺了好多寫這個字的人。光明的「光」

字也不能寫，因為朱元璋當過和尚，他認為寫這個字的人是在嘲笑他原來是個光頭。瞧瞧，是不是很可怕呀？

還有更可怕的。明朝可以說是讀書人的地獄，就算你通過了八股文的考驗，當上了官，日子也不會有多好過，因為你可能時刻處於錦衣衛的監視之中。你一旦不小心做錯了事，被打板子、罷官、抄家、流放算是輕的，還有可能會被殺頭和滅族。你交朋友也要謹慎，一不小心就有可能受朋友牽連，被認為是他們的同黨，也會被殺頭。

所以說，在明朝不當官是一個好的選擇。你可以向很多「不務正業」的人學習，比如說寫寫小說 —— 我們知道的四大名著，其中三部（《三國演義》、《水滸傳》、《西遊記》）都是這個時期創作出來的，說不定你寫的小說也能成為一本名著呢。

你還可以像徐光啟、宋應星一樣研究科學技術，或者像徐霞客一樣遊遊山、玩玩水，或者像文徵明、唐伯虎一樣寫字、畫畫，一樣可以流傳後世。

朱元璋稱帝

小乞丐逆襲記 ·········

　　看到「乞丐」和「皇帝」聯繫在一起，大家是不是覺得很奇怪？皇帝
居住在深宮之中，錦衣玉食，掌管着整個國家的命運；乞丐卻在大街上流

浪，衣不蔽體，食不果腹，總是被人欺負。這兩種人，怎麼會聯繫到一起呢？今天我們就來講講這個小乞丐成為皇帝的故事。

元朝末年，安徽鳳陽一戶普通的農民家庭裏出生了一個小孩，取名叫朱重八。這個朱重八原本有着疼愛自己的父母兄長，家裏雖然窮，倒也還過得去。可是朱重八十七歲的時候，他的家鄉發生了旱災和蝗災，引發了可怕的瘟疫，朱重八的親人一個一個不幸染病，離他而去。如果不是村裏一位好心人的幫助，朱重八甚至都沒錢安葬他們。

孤零零的朱重八無家可歸，只好去皇覺寺出家當了和尚。因為世道不景氣，連年饑荒，很少有人來給僧人們施捨食物，和尚們吃不上飯。寺廟住持養不起這麼多人，就打發他們四處「化緣」，說白了就是討飯。就這樣，朱重八離開了皇覺寺，一邊雲遊，一邊乞討，遊歷了安徽、河南的許多地方。

這時候，因為元朝統治者昏庸無道，對百姓殘酷壓榨，各地的農民起義活動風起雲湧，劉福通、韓山童、徐壽輝等人紛紛揭竿而起，反抗元朝的殘暴統治。

朱重八在遊歷四方的過程中，目睹了底層百姓的疾苦，了解了各地的風土人情，更看到了元朝統治者的殘暴。幾年後，他回到皇覺寺，發現這裏的情況沒有改善，大家還是要餓着肚子等人施捨。就在此時，兒時的夥伴湯和邀請他參加農民起義軍，他就收拾行李，去投奔了安徽的紅巾軍首領郭子興。紅巾軍最早是由韓山童、劉福通創建的義軍，因頭裏紅巾而得名，韓山童被推舉為明王，郭子興被任命為大元帥。

郭子興看朱重八相貌非凡，器宇軒昂，就把他留在身邊做了個親兵。朱重八打仗勇猛，智計百出，深受郭子興的賞識。郭子興有一位叫作馬公的老朋友去世得早，郭子興就親自撫養他的女兒馬姑娘。不久後，郭子興看朱重八不錯，就把馬公的女兒嫁給了他。

在這期間，朱重八改名為「朱元璋」。「璋」是一種鋒利的玉器，「誅」元璋的意思就是誅滅元朝的利器，這寄託了朱重八的遠大志向。

有一次，郭子興手下有一些不服從他的將領把他綁了起來，想一刀殺掉他，所幸朱元璋識破了他們的計謀，及時解救了郭子興。從此以後，郭子興更信任他了。朱元璋四處募兵，兵力迅速增長到三萬人，手下有徐達、湯和這樣的武將，又有李善長等文人的投靠，實力越來越雄厚。郭子興病逝後，朱元璋接管了他的隊伍，實力進一步加強。

此時，羣雄蜂起，各自佔據一方，加上元朝還統治着大部分地區，形勢很複雜。朱元璋聽取了謀士們的建議，採取「高築牆，廣積糧，緩稱王」的策略。高高築起城牆，為的是增強防禦能力，在有外敵來犯時，能夠牢牢保衛領土；廣泛地積累糧食，是因為打仗時要給士兵們吃飽飯，不然士兵們餓着肚子，肯定打不贏敵人；至於晚些時候再稱王，原因是各路豪傑都想當皇帝，誰也不願意皇位落到別人頭上，所以一旦有人稱王，就必然會成為眾矢之的，陷入危險的境地。

經過幾次小規模的兼併後，朱元璋在南京一帶站穩了腳跟。此時，他領地的東方和南方處於元朝皇帝的統治下，東南方被張士誠佔據，西方則盤踞着徐壽輝。這幾方誰也打不死誰，大家暫時處於膠着的狀態。

不久，陳友諒殺掉徐壽輝，又計劃聯合張士誠一起進攻朱元璋的領地，朱元璋被迫應戰。在謀士劉基的建議下，朱元璋謊稱要和陳友諒一起攻擊張士誠，實際上則在陳友諒軍隊的必經之路上設好埋伏，狠狠擊敗了陳友諒。一年以後，朱元璋又和陳友諒在鄱（pó，粵音婆）陽湖展開決戰。陳友諒的船都是大船，移動不靈活。朱元璋就利用小船輕便靈活的優勢，火攻陳友諒軍隊，陳友諒本人也被亂箭射死。這就是著名的「鄱陽湖之戰」。

後來，朱元璋又打敗了張士誠，暗害了起義軍名義上的領袖小明王韓林兒，一統江南地區。

朱元璋在四十歲這年正式稱帝，定國號為「明」，並派出軍隊，開始向腐朽的元朝發動攻勢。沒費甚麼力氣，朱元璋的軍隊就攻佔了大都，元朝皇帝倉皇逃往北方。之後，朱元璋又多次派兵北征，剿滅了元朝的殘餘

勢力，將遼東正式納入明朝版圖。他又陸續平定福建、兩廣、川陝、河套平原地區，實現了大一統。

據說，當上皇帝後的朱元璋仍然非常勤奮，最忙的時候，每天要批閱二百多份大臣們的奏摺，處理四百多件國事。這是甚麼概念呢？大家想一想，你唸一篇課文大概需要五分鐘，唸二百篇課文，就需要一千分鐘，相當於十六個小時！而朱元璋不僅要閱讀奏摺，還要作出判斷，給出回覆，工作量有多大可想而知。

然而，朱元璋在執政後期不斷殺害功臣，甚至株連罪臣的親族，幾乎把開國功臣們一網打盡。朱元璋的這一舉動在幾十年後造成了嚴重的後果，這恐怕是他自己完全沒有預料到的。

知識加油站 制度

廢除丞相制和創建錦衣衛

朱元璋當皇帝後，為了將權力牢牢控制在自己手裏，不僅殺害了很多功臣，還廢除了延續一千六百多年的丞相制，將丞相的權力分散給吏、戶、禮、兵、刑、工六部，再由皇帝統一指揮。這還不夠，他還設立了一個由皇帝親自指揮的特務機構——錦衣衛，監視大臣們的一舉一動，對大臣們進行恐怖的控制和鎮壓。

▲ 錦衣衛指揮使腰牌

當時的世界

1368 年，朱元璋建立明朝。這時的法蘭西王國正處於查理五世統治時期，查理五世勵精圖治，改組海軍，於 1369 年攻打英格蘭，並接連取得勝利。1370 年，一個接受突厥文化的蒙古貴族帖木兒在中亞建立了強盛的帖木兒帝國。

建文帝削藩

憂鬱少年的煩惱 ••••••••••••••••••••••••••••••

　　明太祖朱元璋為了鞏固政權，殺害了很多文臣武將，把自己的兒子們分封到全國各地做藩王，希望他們能夠享受榮華富貴，同時也盡到護衛國家的責任。

　　然而朱元璋沒想到的是，這個安排卻給國家招來了禍患。

　　朱元璋指定的皇位繼承人是自己的長子朱標，可是朱標早先不幸去世了。朱元璋非常悲痛，就立朱標的兒子朱允炆（wén，粵音蚊）為皇太孫，打算將皇位傳給他。

　　朱允炆聰明好學，也是個孝順的好孩子。朱標病重的時候，他每天都不分晝夜地陪伴在父親身邊侍奉。朱標去世後，朱允炆為父親服喪，毫不顧惜自己的身體。朱元璋很心疼這個皇太孫，為了讓他振作起來，就問他：「你只孝順自己的父親，難道不顧念你爺爺我嗎？」可以看出來，朱元璋雖然貴為皇帝，但他對朱允炆的慈愛，就像是民間的普通老爺爺一樣。

　　可是朱元璋不是只有朱標這一個孩子，他對朱標和朱允炆這麼偏愛，就讓其他的兒子 —— 也就是朱允炆的叔叔們不太滿意了。這些叔叔被分封在全國各地，每人都擁有自己的軍隊，像燕王、晉王、秦王，他們甚至還建立過戰功。他們都很不服氣朱允炆繼承皇位，畢竟在他們眼裏，姪子還是個小孩子呢！

　　朱允炆很清楚叔叔們對他的看法。叔叔們的權勢太大，也一直是他的一塊心病。有一次，他坐在東閣門外唉聲歎氣，被他的伴讀老師黃子澄見到了。黃子澄就問這個憂心忡忡的少年發生了甚麼事。朱允炆很信任他，就把心事說了出來，原來他是在擔心叔叔們造反。黃子澄胸有成竹地安慰他：「不用擔心，漢景帝當年

也起兵平定了藩王們的叛亂。藩王們的兵力只能用來自保，不可能戰勝朝廷。」聽到這些，朱允炆心裏才好受了一些。

還有一次，朱允炆和朱元璋討論政務。朱元璋告訴他，把叔叔們封為藩王，是考慮到萬一有人造反，叔叔們可以帶兵來幫他打敗敵人。朱允炆小朋友就「耿直」地發問：「那萬一叔叔們造反了，誰又能來幫忙呢？」朱元璋被問呆了，就反過來問朱允炆有甚麼好主意。朱允炆回答說：「首先要關心叔叔們，讓他們不要有造反的心思；其次要對叔叔們以禮相待，不要虧待叔叔們；如果叔叔們不聽話，就削減他們的屬地面積，改變他們的封地位置；再不行，就只能打仗了。」

朱允炆的回答很聰明，博得了爺爺的讚賞。可是他當了皇帝後，卻將自己的好辦法忘到了九霄雲外。

洪武三十一年（1398 年），朱元璋去世，朱允炆登基，後人稱他為建文帝。年輕的建文帝着手做了很多事，比如選拔賢能的人才，考察官吏，減輕賦稅，興辦學校。可他心裏更想做的，還是削減叔叔們的權力，讓自己的皇位更穩當一些。

建文帝把黃子澄叫來，問他還記不記得當年在東閣門外的對話，黃子澄毫不猶豫地對他表示了忠心。建文帝就又叫來了另一個親近的大臣齊泰，三個人開始討論如何解決藩王擁兵自重的問題。

齊泰認為，各個藩王中，燕王朱棣（dì，粵音第）的權勢最大，應該先拿他開刀。黃子澄卻不同意，他認為現在削燕王的藩沒有合理的名義，應該先從那些行為不檢點的藩王入手。建文帝採納了黃子澄的建議，他先是以有人檢舉周王謀反為由，將周王全家貶為平民百姓，發配到雲南；又迅速對齊王、湘王、代王下手，廢黜了他們的藩王身份，派人嚴加看管；沒過多久，他又把岷（mín，粵音民）王貶為了平民百姓。他的湘王叔叔得知自己要被抓起來，不願意承受這種侮辱，就帶着家人以死明志了。

建文帝已經完全忘記了自己當年跟爺爺討論的方法，只用了不到一年時間，就逐一搬開了礙事的叔叔們。下一個，就輪到了燕王朱棣。

朱棣可不是個好說話的人，他是當時健在的皇叔裏年紀最大的，常年駐紮在北京，在跟元朝殘餘勢力的對抗中立下了赫赫戰功。他對皇位也抱

有野心，一直在暗中招攬能人異士，積累自己的實力。為了降低建文帝對他的警惕，他假裝自己瘋了，整天在大街上拉着人胡言亂語，還在大熱天蓋着被子説自己冷。實際上，朱棣卻一直在偷偷訓練軍隊。據説，為了防止別人發現他的圖謀，他還在王府附近建造了養雞場，來遮掩打造兵器的聲音呢！

你們是不是也被朱棣的狡猾震驚了？年輕的建文帝面對野心勃勃的叔叔，削藩事業能成功嗎？讓我們一起在下個故事裏尋找答案吧！

《救荒本草》

在明太祖朱元璋的兒子裏，可不是只有朱棣這樣善於打仗的人，還有一位著名的醫學家和植物學家，他就是朱元璋的第五個兒子，周王朱橚（sù，粵音縮）。他編輯的《救荒本草》是一本植物學專著，記載了414種植物，每種植物都配上了木刻的精美插圖。這本書不僅介紹了可以作為藥材的植物，也介紹了各類可以充飢的食物，資料翔實可靠，有比較高的學術價值。後來，《救荒本草》還被翻譯成日文、英文，行銷海內外。

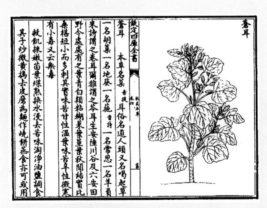

▲《救荒本草》（《四庫全書》本）內頁

靖難之役

王爺突然不瘋了

　　上個故事我們說到，建文帝削藩的動作引起了燕王朱棣的警覺。他表面上裝瘋，實際上卻加緊訓練軍隊，準備造反，自己當皇帝。

　　建文帝一開始拿不準自己的叔叔是不是真的瘋了。不久，他得到燕王府官員的密告，知道了燕王的真實情況。建文帝不想再等下去了，他命令北京都指揮使張信立刻逮捕燕王，又命令張昺（bǐng，粵音丙）、謝貴逮捕燕王的家眷。

　　可建文帝沒想到的是，張信背叛了他。張信收到建文帝的命令後，把消息告訴了他的母親。張信的母親大驚失色，對張信說，燕王以後會做皇帝，與他為敵沒有好下場。張信就悄悄跑到了燕王府，給朱棣報信。大家可能很奇怪，為甚麼張信的母親能夠提前知道燕王會當皇帝呢？其實是因為朱棣很早就派人在城裏散佈消息，說燕王有帝王之氣，才讓很多百姓都對此深信不疑。

　　張昺和謝貴來到燕王府後，被朱棣預先埋伏下的士兵抓住。朱棣毫不留情地把他們

和王府中的奸細一同處決了。就在這一晚，燕王派兵攻佔城中九座城門，完全控制了北京城。需要跟大家說明的是，明朝剛建立時，首都在南京。北京當時只是個邊關城市，在春秋戰國時期是燕國的國土，因此被稱為「燕」，封地在這裏的朱棣也就被稱為「燕王」。除了燕王，明朝朝廷還派有將領管理北京。

　　為了得到百姓們的支持，朱棣絞盡腦汁為自己的造反行為尋找依據。朱元璋曾說過，如果朝廷裏有奸惡的大臣使得皇帝處於危難之中，藩王們可以起兵去護衞皇上。燕王就昭告天下，指責齊泰、黃子澄是圍繞在建文帝身邊的奸佞（nìng，粵音濘）小人，自己要起兵「靖難」，幫皇帝平定國家的危難。因此，朱棣發動的這場戰爭，歷史上稱為「靖難之役」。

　　朱棣完全控制住北京後，又迅速攻佔了居庸關、懷來、密雲、遵化、永平這些周邊區域，軍隊人數增加到幾萬人。在南京的建文帝坐不住了，急忙組織人手討伐叔叔。然而，朱元璋亂殺功臣的惡果報應在朱允炆的頭上，朝中根本沒有能征善戰的武將，建文帝只好重用平庸無奇的耿炳文。可是耿炳文根本不是朱棣的對手，連續幾次戰敗之後，他牢牢守在真定，不跟朱棣正面交鋒。朱棣率軍攻打真定，遲遲沒有成功，為了防止部隊失去鬥志，他率領大軍回到了北京。

　　建文帝嫌耿炳文一直不能打敗朱棣，就將帶兵將領換成了李景隆，命他進攻北京，又派江陰侯吳高率軍進攻永平。朱棣聽到朝廷換帥的消息，別提多開心了。在朱棣看來，李景隆是個不會打仗的草包，士兵們不信任他，糧草也跟不上，朝廷軍隊必敗無疑。朱棣就讓自己的長子朱高熾（chì，粵音翅）留守北京，自己則率軍去救援永平。他的判斷是正確的，李景隆攻打北京的行動果然遇到了挫折。當時，北京城天寒地凍，聰明的

朱高熾夜裏派人在城牆上澆水，第二天城牆結冰，朝廷軍隊無法攀援，被擋在了北京城外。

朱棣在永平打敗了吳高，又取道大寧，脅迫建文帝另一個叔叔寧王參與叛亂，並收編了他的一支由蒙古人組成的精銳軍隊——朵顏三衛。朱棣的實力大長，在河北的白溝河把李景隆軍隊打得落花流水，節節敗退。朱棣一路打到了濟南，遭到了濟南守將鐵鉉（xuàn，粵音軟）和盛庸的強力抵擋，久攻不下。朱棣非常氣惱，想用火炮來炸開城門，卻發現濟南城牆上豎立着太祖朱元璋的神牌。大家可以想想看，朱棣號稱自己起兵是奉了朱元璋的遺命，他就是有再大的膽子，也不敢公然炸毀父親的牌位呀！朱棣沒有別的辦法，只好又撤兵回了北京。

建文二年（1400 年）的十月，朱棣再次帶兵南下，攻佔了河北和山東的一些城市，在東昌遭到盛庸的堵截，損失了精銳大將朱能，連他自己也險些丟掉性命。但是大家一定想不到，朱棣最大的保護神竟然是建文帝。建文帝早先曾命令明軍不能傷害自己的叔叔，朝廷軍隊裏誰也不敢對朱棣動手，只能眼睜睜看着他逃跑了。

建文三年（1401 年）的春天，朱棣再次出兵，打敗了老對手盛庸，和朝廷軍隊陷入對峙。到了年底，有宮中的宦官傳遞消息給他，密報南京空虛。於是朱棣急匆匆率領軍隊南下，在山東、安徽快速打了幾場勝仗後，徑直衝到了南京城下。

建文帝慌亂極了，他聽取方孝孺的建議，派出使者向叔叔求和，卻被朱棣果斷拒絕。這時候，守衛南京的將軍李景隆和谷王朱橞（huì，粵音謂）打開了金川門，直接把朱棣放進了京城。建文帝見大勢已去，心灰意冷，就放火燒了宮殿，而他自己則不知道去了哪裏。

經過三年的苦戰，朱棣終於取得了「靖難之役」的勝利。他攻佔南京後，先是去拜謁了朱元璋的陵墓，然後就登上了皇帝寶座，改年號為永樂，他就是歷史上的明成祖。

雖然朱棣如願以償地做了皇帝，內心卻始終很心虛，擔心別人說他得位不正。為了維護自己的統治，他不承認姪子建文帝的皇位，廢他為庶人，還大肆鎮壓支持姪子的大臣。

朱棣即位的第二年，北邊的蒙古突然出兵攻打遼東，肆無忌憚地搶劫一通後，拍拍屁股走了。這可把朱棣氣壞了，當年他駐守北京時哪裏吃過這樣的虧？他立刻把負責防禦的官員殺了，並考慮遷都北京，親自防禦北方。朱棣做燕王時在北京待了二十多年，早已習慣了北方的生活，所以遷都對他來說完全沒有障礙。

　　但是遷都可不是一件容易的事，很多大臣表示反對。這時就要説朱棣是個果決的人了，不管大臣們怎麼反對，他就是要遷都。於是，朱棣命姚廣孝負責北京城和宮殿的設計、建造工作，並徵集大批工匠和民眾開始動工，在原來北京城的基礎上擴建，並在城的正中央仿照南京建造一座更加宏偉壯觀的宮殿。這一修就用了十三年，一直到永樂十八年（1420 年）才完工。完工後第二年，朱棣便正式遷都北京。

　　但朱棣做的並不只有這些，他也為大明帝國立下了許多功勳。下個故事裏，我們就會了解到永樂年間輝煌璀璨的文化成就。

知識加油站 科學

永樂大鐘

　　永樂大鐘是中國現存最大的青銅鐘，重約四十六噸，鑄造於明朝永樂年間，現存於北京大鐘寺。永樂大鐘也是世界上銘刻文字數量最多的大鐘，鐘的表面和內壁都鑄滿了佛教經文，是明朝初年館閣體書法藝術的代表作。永樂大鐘聲音洪亮悠揚，歷經五百多年依舊保存完好，是世界鑄造史上的奇跡。

當時的世界

　　1402 年，朱棣率軍攻克南京，建文帝朱允炆下落不明，隨後朱棣即位，改年號為「永樂」。帖木兒帝國軍隊入侵小亞細亞，並在安卡拉平原擊敗了強大的鄂圖曼帝國。

永樂大典

一部超齊全的大百科 · · · · · · · · · · · · ·

　　經過三年的苦戰，朱棣終於坐上了夢想中的皇位。他最怕別人說他不配做皇帝，所以加倍地努力工作，來證明自己的能力。他迫不及待地開始籌備一件只有盛世明君才能做成的事——修書。

　　修書可真不是一項容易的工作。要知道，古代可沒有電腦、打印機，人們要想記載事情，就得拿刀在竹簡上刻，用筆在布帛和紙張上抄。竹簡容易散，布帛昂貴，紙張容易破，只有那些特別好運、特別有名的書，才能流傳下來。

從古到今，許多好書就在歷史的煙塵中消失了。

而朱棣有一個偉大的夢想，他想動員全國的讀書人，把有史以來所有的書籍，不管是儒家的、道家的、佛家的，也不管是聖賢書、科技書、農書，統一彙編成一套書。這一套書要包含人們知道的所有知識，把古往今來的文化成果都寫到書裏保存起來，任何人只要翻開這套書，就進入了中華文明的寶庫。

從來沒有人完成過這件事，而朱棣做到了。在他執政時，中華歷史上最偉大的叢書之一 ——《永樂大典》誕生了。

一開始，朱棣派解縉（xiè jìn，粵音械進）來進行這項工作。解縉是明朝有名的才子，從小就號稱神童。他接到編書的旨意後，起先不太重視，帶着一百多個人，花一年的時間編撰完成了《文獻大成》。可朱棣嫌棄這套書涵蓋的知識太少，很不滿意，就指定姚廣孝、鄭賜、劉季篪（chí，粵音磁）等人陪着解縉重新來過，並安排了二千多人參與編書工作。

為了儘可能地搜集到全國各地的書籍，朱棣不僅開放了文淵閣給解縉等人，讓他們按照自己的需求翻閱圖書，還特地撥出了一大筆資金，讓禮部派人專門去買書。人們這才領會到朱棣的雄心壯志，於是幾千人一同鑽進書堆裏，不分晝夜地忙碌起來。

到了永樂五年，這套前所未有的偉大叢書終於定稿了。朱棣對這套書非常滿意，親自給這套書寫了序，命名為《永樂大典》。這套書有多厚呢？據史料記載，《永樂大典》收錄各類圖書七八千種，正文22,877 卷，共 11,095 冊，約三億七千個字。大家可以想像一下，如果一個人每天可以讀完一本書，那他要讀上三十年才能看完《永樂大典》，連過年都不能休息！

《永樂大典》定稿以後，又足足花了一年時間才全部抄寫完成，前後投入編書的人有三千多人，參與過抄寫工作的讀書人更是不計其數。為了編撰《永樂大典》，不僅要花錢買書、買筆、買紙、買墨，還要照料這三千多人吃四五年的飯，耗費巨大。所以，只有強盛的帝國才能調動這麼多的讀書人，讓大家齊心協力完成這樣的皇皇巨著。那些弱小的朝代，就只能望「書」興歎啦。

可惜的是，《永樂大典》正本在後世的流傳過程中大部分被損毀了，抄寫的副本也大多遺失，目前我們能見到的只有 797 卷。即使如此，後人依舊從殘存的《永樂大典》中發現了很多失傳的典籍。讀到這裏，你是不是會為它的殘缺感到惋惜呢？

説到解縉，他通過科舉考中進士後，和楊榮、胡廣等人一起被挑選進入文淵閣，擔任明成祖朱棣的「祕書」，這些人組成的機構就被稱為「內閣」。他們的主要任務是幫助明成祖參謀政事，並把明成祖的命令下達給六部，擔任上傳下達的角色。

之所以建立內閣，其實還要追溯到朱元璋的時候。朱元璋覺得，元朝末年宰相的權力太大了，皇帝反而要被宰相矇騙，這怎麼行呢！因此，他心裏每天都在琢磨自己任命的宰相是不是要謀反。後來，宰相胡惟庸、李善長等人都被捲入謀逆案件，朱元璋索性就廢除了宰相這個職位，自己直接帶着六部理政。因此，明朝二百多年的歷史中，只有四位宰相，全部出在朱元璋的洪武一朝。

皇帝直接統領六部，在朱元璋的時候還行得通，大不了就是少睡一些覺嘛！可是換成了多年四處征戰的朱棣，他可就沒時間直接帶着六部了，所以需要設立內閣幫他分擔政事。這時候的內閣基本上只是承擔皇帝私人祕書的職責，沒有實權。

但是隨着年代的推移，出現了像「三楊」、楊廷和、嚴嵩（sōng，粵音鬆）、徐階這樣的名臣，內閣權力越來越大。在一些比較軟弱的皇帝在位時，內閣首輔已經成了事實上的宰相。例如萬曆皇帝剛登基的時候，內閣首輔張居正權勢滔天，國家所有政令都出自他一人之手。

皇帝對接內閣，內閣統領六部，還有皇帝的情報機構錦衣衛和特務機

構東廠、西廠，再加上皇子、嬪妃、宮女、道士，這些勢力交織在一起，湧現出無數跌宕（dàng，粵音蕩）曲折的故事，讓我們一起來慢慢展開明朝歷史的畫卷吧！

台閣文風

　　永樂年間，百姓安居樂業，國力空前強盛，一派盛世氣象，反映在文化上，就體現為「台閣文風」。台閣主要指當時的內閣與翰林院，又稱為「館閣」。台閣文風的倡導者是一些內閣和翰林院的文臣，代表人物是明朝初年的名臣「三楊」，即楊士奇、楊榮、楊溥（pǔ，粵音普）。台閣文風的特點是穩重大氣、富麗典雅，但缺點是作品題材大部分是歌頌盛世，缺乏對人民生活的關懷，很少有內容深刻的作品。

鄭和下西洋

揚帆，出海

　　我們前面說到，明成祖朱棣的皇位是從姪子手中奪來的。他登基以後，為了證明自己是個好皇帝，做了很多事情，其中一項就是派鄭和下「西洋」。

　　明朝時，人們已經能造出巨大的船隻，這樣的船可以輕鬆容納幾千人。在大船上，人們可以吃飯、睡覺、聚會，甚至還可以種菜、養豬。在指南針和水羅盤的幫助下，人們可以遠航到海洋彼端。所以，明成祖希望派出一支船隊，把自己當皇帝的消息散佈給周邊的國家，讓他們都來祝賀自己，向大明朝稱臣納貢。

　　鄭和被明成祖挑選為船隊的領袖。鄭和是雲南人，本來姓馬，小名叫三保。大家都知道，雲南在我國的西南方，距離大海很遙遠，按道理說，馬三保不應該醉心於航海。可是他卻有一個遠大的理想，那就是去伊斯蘭教的聖城麥加。馬三保是虔誠的伊斯蘭教徒，從小就聽父親和祖父講述他們乘風破浪去麥加朝聖的故事。因此，他自己也很想揚帆遠航，到麥加去看一看。

　　馬三保小時候，雲南還在元朝梁王的統治之下。洪武十四年（1381年），朱元璋派兵平定雲南。將軍們在班師回朝的時候，把他和其他一些孩子作為俘虜帶回了京城。後來，他又被送到燕王府當了小太監，這一年他才十二歲，還是個小學生的年紀。馬三保為人聰明，對燕王朱棣忠心耿耿，在「靖難之役」中保衛朱棣有功，因此被賜姓「鄭」，改名鄭和。皇帝賜姓是非常大的榮耀，只有對國家作出重大貢獻的人才能獲得這項殊榮，由此可見明成祖對鄭和的信任有多深。

　　永樂三年（1405 年）的六月，蘇州城外的劉家港被好奇的居民們擠得水泄不通。人們爭相來到此地，圍觀明朝第一支特大遠洋航行船隊出行的盛況。鄭和率領船隊從這裏開往福建，再從福建的五虎門起

航，駛向傳說中的「西洋」。不過，我們現在所說的西洋，大多指的是歐洲和美洲；而明代初期，鄭和所去的「西洋」，實際上是汶萊以西的東南亞和印度洋一帶海域及沿岸地區。

歷史上不管是中國還是外國，從來沒有過這麼大規模的航行。據說，鄭和船隊裏最大的船長達一百三十多米，闊度則有五六十米，快要比得上學校裏的操場那麼大了！如果鄭和遠航途中感到寂寞了，他甚至可以在船上舉辦一場百米賽跑，絲毫不用擔心場地不夠。這樣的船被稱作「寶船」，有六十多艘。其他的還有糧船、馬船、戰船等，一

共二百多艘。隨從出行的人員則有兩萬多人，簡直像是一支即將遠征的軍隊。

這樣的陣仗會讓任何一個小國家感到害怕。但是鄭和卻用事實證明，他帶來的只有和平、友誼和貿易，而沒有侵略和戰爭。每到一個地方，鄭和就派人給當地國王贈送禮物，表達大明的友好，並和當地的人們貿易。各國接受了大明的誠意，紛紛派出使者，帶着禮物跟隨鄭和的船隊一起回大明，拜見明成祖。

可是在抵達爪哇時，鄭和遇到了麻煩。第一批登陸的船員，被爪哇本地的「西王」誤以為是奸細，有一百七十多人不幸遇害。以鄭和船隊的實力，攻佔爪哇不費吹灰之力，可是他保持了冷靜，沒有貿然出兵，而是等待西王自己派人上門道歉，和大明朝解除誤會。這件事最終得到了和平解決，爪哇從此心悅誠服，每年都向大明朝進貢。

船隊離開爪哇，造訪了蘇門答臘、滿剌（lá，粵音辣）加（今馬來西亞馬六甲）、錫蘭（今斯里蘭卡）之後，抵達這次旅行的終點站——古里（今印度西南科澤科德）。古里的統治者曾多次派人到明朝進貢，因此明成祖決定封古里王為國王，就派鄭和來古里宣讀旨意。鄭和認為古里雖然距離中國很遙遠，但民風淳樸，物產也和中國差不多，就和當地人一起樹立起石碑，紀念兩國間的友好關係。

鄭和是傳遞和平的使者，但在面對敵人時，他也絕不手軟。船隊航行到三佛齊（大巽他群島上的一個古代王國，鼎盛時期，勢力範圍包括馬來半島和巽他群島的大部分地區）時，被一夥作惡多端的海盜盯上了。海盜的首領陳祖義想劫掠寶船，又擔心正面比拚會輸給鄭和，就耍了個花招，欺騙鄭和說自己要投降。可聰明的鄭和識破了他的陰謀，把這些人一股腦兒地抓了起來，帶回明朝受審。

永樂五年（1409 年）九月，鄭和順利回到了祖國。他將大明朝的威名和友好遠播海外，也帶來了沿途各國誠摯的回禮。明成祖心裏樂開了花，全力支持鄭和的遠航事業。

鄭和一生中七次下西洋，前後歷經近三十年，到達過三十多個國家，最遠抵達過非洲東海岸，經歷了波瀾壯闊的一生。他調停了暹（xiān，粵

音 cim3）羅（今泰國）和蘇門答臘的戰爭，維護了和平；他帶回了中國傳說中的瑞獸「麒麟」（雖然其實是長頸鹿）；他還帶回了各國派出的使者，甚至蘇祿國（今菲律賓蘇祿羣島，信奉伊斯蘭教的酋長國）的國王都親自跟他前往大明，白吃了一個多月的飯才回國。

最後一次遠航途中，鄭和病逝於古里。後來，明朝的大臣們認為出海要花的錢太多了，朝廷負擔不起這筆支出，就停止了遠洋航行。但鄭和率領船隊下西洋的事跡卻流傳了下來，樹立起我國和亞非許多國家友好往來的豐碑。如今，在印尼的爪哇島，還有一座城市叫「三寶壟」，就是為了紀念鄭和而命名的。

知識加油站 科學

鄭和寶船

寶船是鄭和船隊中最大的船，相當於船隊中的旗艦。這類船一般供外國使節和船隊指揮人員乘坐，也用於運送各國進貢的寶物和貿易得來的貨物，因此被稱作「寶船」，意思是「運寶之船」。寶船是當時世界上最大的木質帆船，長約 44 丈（宋元時，一丈約等於現今 316.8 厘米），闊約 18 丈，排水量達到幾千噸，代表着當時世界上最先進的造船工藝水平。

當時的世界

1416 年，鄭和第五次下西洋，護送各國前來朝貢的使者回國。也就是在這一年，葡萄牙亨利王子開始組建船隊，並在 1418 年派遣第一支探險隊出海。

仁宣之治

父子二人造治世

　　如果要評選歷史上最鬱悶的太子，朱高熾一定榜上有名。他有個大名鼎鼎的壞脾氣父親，還有弟弟們在一旁虎視眈眈，覬覦着他的太子之位。不僅如此，他的身體狀況也很糟糕，身邊的人甚至會擔心他的壽命。可是大家提到他，都要豎起大拇指，這又是為甚麼呢？

　　「靖難之役」中，面對李景隆的大軍，朱高熾想出了冰凍城牆的方法，牢牢守住了北京城。可是，足智多謀的朱高熾並不受父親明成祖的喜愛。原因是明成祖喜好騎射，善於征伐，朱高熾卻體弱多病，不能和他四處征戰。朱棣怎麼看他都不順眼，經常因為小事挑他的毛病。

　　與朱高熾形成鮮明對比的，是他的弟弟朱高煦（xù，粵音栩）。朱高煦身手矯健、作戰勇猛，在「靖難之役」中充當前鋒，屢建戰功，還救過朱棣的性命。朱棣幾次瀕臨絕境，多虧了朱高煦，才能逃出生天。因此，朱棣內心喜愛這個兒子，甚至安慰他説：世子身體不好，你要努力呀！

　　世子指的就是朱棣的繼承人，也就是長子朱高熾。朱高熾身體不好，萬一他不幸去世了，繼承人會變成誰，這還需要説嗎？朱高煦心裏也知道這一點，他變得日益驕橫，經常仗着自己的戰功，做一些不合規矩的事情。

　　後來，朱高熾被立為太子，朱高煦被封為漢王，他的另一個弟弟朱高燧（suì，粵音睡）被封為趙王。按道理來説，明朝的藩王應該去往封地居住，可是這兩個人都不願意離開，一直賴在京城，伺機尋找朱高熾的錯誤，並且不斷在朱棣面前説哥哥的壞話。

　　面對野心勃勃的弟弟們，朱高熾心裏委屈極了。但苦於身體不好，每次成祖征戰四方，他都只能留在京城監國。明明他做事很有章法，賑濟災民、處理政務都得心應手，也一向都有賢良的名聲，朱棣卻嫌棄他性格懦弱，總是對他雞蛋裏挑骨頭。而一旦漢王和趙王犯了錯，為了顯示為人兄長的胸懷和氣度，朱高熾還得在朱棣面前為他們求情，儘管他就是那個被傷害的苦主。

朱棣對兒子們之間的爭鬥心知肚明。他曾問朱高熾，你知道有人在背後說你的壞話嗎？朱高熾卻回答，我只是在做好兒子的本分，不知道有甚麼說壞話的人。朱高熾的誠心最終打動了朱棣，也保全了自己。永樂二十二年（1424 年），明成祖去世，明仁宗朱高熾順利繼承皇位，弟弟們則被趕到了封地就藩。

　　可是朱高煦的野心卻沒有停止，就算朱高熾繼承了皇位又怎麼樣？他的身體這麼差，自己還有機會！朱高煦想的倒是挺美，可惜，他的面前還有一塊絆腳石，這就是朱高熾的兒子，皇太子朱瞻基。

　　朱瞻基是朱高熾的長子，從小就深受祖父朱棣疼愛。據說朱棣之所以沒有廢掉朱高熾的太子之位，就是因為看好朱瞻基，想指定朱瞻基在朱高熾去世後當皇帝。更難得的是，朱瞻基一點也不像他父親那樣文弱，而是英武果斷，有領兵作戰的才能，有朱棣當年的雄風。

　　朱高煦想做皇帝，就要解決掉朱瞻基。他蟄（zhé，粵音蟄）伏在封地樂安（今山東省），耐心地等待着機會。不過連他自己可能也沒想到，機會很快就來了。

朱高熾登基後不久，派朱瞻基去南京考察。可他剛一到南京，就收到了父親病危的消息。朱瞻基心裏那個急呀，如果父親去世，而他卻沒有及時趕回北京，這皇位還輪得到他繼承嗎？恐怕他那個叔叔朱高煦就要搶先登基了。

朱瞻基知道事態緊急，立刻趕往北京。為了避免叔叔搗亂，他一路保持低調，輕車簡從，終於及時趕到，搶在朱高煦之前登上了皇位，這就是明宣宗。

然而，故事並沒有結束。在朱瞻基即位七個月時，朱高煦迫不及待地造反了。朱瞻基親自帶兵前往朱高煦的封地鎮壓叛亂，又將勸降的文書用弓箭射進城裏。朱高煦打不過姪子，只好投降。朱瞻基把朱高煦囚禁在皇宮裏，這場鬧劇才算結束了。

明仁宗朱高熾在位時，推行了很多對國家和人民有益的政策，如重視農業、減免賦稅、體恤災民、懲治貪官，使明朝的國力蒸蒸日上。除此之外，明仁宗最為人稱道的事跡，是他寬恕了「靖難之役」時支持建文帝的大臣，讓他們的家人不必在邊關和軍營中受苦，可以回歸正常人的生活。

明宣宗朱瞻基即位後，一方面延續了父親在位時的各項政策，另一方面也解決了藩王權力過大、威脅皇權的問題。他還親自巡邏邊關，保障北方邊境的安寧。

明仁宗和明宣宗在位時，明朝國力強盛，百姓安居，吏治清明，史稱「仁宣之治」。這跟這兩位皇帝善用賢臣也有着分不開的關係。

明朝歷史上，有三位大名鼎鼎的臣子，從明成祖朱棣時就身居高位，歷經明仁宗、明宣宗，影響力一直持續到明宣宗的兒子明英宗在位時。他們就是楊士奇、楊榮、楊溥，合稱為「三楊」。

其中，楊士奇德高望重，被稱為「西楊」，負責為皇帝講經讀史。他一直堅定支持朱高熾繼承皇位，深受明仁宗和明宣宗的敬重。楊榮意氣風發，擅長謀劃邊防，對邊境地區均有治理辦法。明成祖北征回師途中突然病逝，楊榮考慮到漢王在一旁虎視眈眈，情況危急，力主先祕不發喪，等回到京城後才把消息告訴朱高熾，使得朱高熾順利登基。楊溥則老成持重，嚴於律己，在品德上可作為百官的表率。早年他因為支持朱高熾而被

陷害入獄，朱高熾一登基，就迅速把他放出來重用。

在三楊的輔佐下，明仁宗和明宣宗把國家治理得井井有條。有人稱讚說，「仁宣之治」可以與漢代的「文景之治」相提並論。

不過，明宣宗朱瞻基不太關心北方邊境，導致邊境軍備廢弛，戰力下降。而明宣宗釀成的苦果，最終卻要由他的長子朱祁（qí，粵音歧）鎮品嚐。下個故事裏，我們會認識明朝歷史上唯一一個被俘虜的皇帝。

明朝的都城

明太祖朱元璋開國後，定都在南京。朱棣還是燕王時，駐紮在北京。朱棣當了皇帝後，北京總是受到邊關游牧民族的侵擾，為了加強對邊關的控制，朱棣力排眾議，將都城遷往北京。北京附近糧食產量低，明成祖就下令開挖運河，打通南北漕運，使京城需要的物資源源不斷地從南方運往北方。

明仁宗作為太子監國時，曾長期居住在南京，更適應南京的氣候，再加上北京的宮殿曾遭受過雷擊，明仁宗就非常希望還都南京，但還沒來得及行動，他就去世了。到明英宗朱祁鎮登基後，正式確定北京為明朝都城，南京則成為「留都」，另外設置六部。南京的六部僅僅是名義上的官職，實權還是掌握在北京的六部之中。

當時的世界

1425—1435 年，即明仁宗、明宣宗在位的這段時間，歷史上稱為「仁宣之治」。此時歐洲還處於「百年戰爭」之中，1429 年，英國軍隊圍攻法國城市奧爾良，多虧法國的農村少女貞德率軍解圍。後來，貞德領兵作戰，多次打敗英國侵略者，成為法國的民族英雄，被稱為「聖女貞德」。

土木堡之變

皇帝被敵人抓走了 ●●●●●●●●●●●●●●●●●●●●●●●●●

「皇帝被敵人抓走了」——看到這八個字，你是不是會想，之前就有過這樣的倒霉蛋，這次又是哪位皇帝變成了俘虜？這就是明英宗。神奇的是，他被敵軍擄走之後，在敵方的地盤上生活了兩年又回來了；更神奇的是，幾年後他竟然又重新當上了皇帝。

前面提到的明宣宗朱瞻基去世後，他不到九歲的兒子朱祁鎮即位，史稱明英宗。大家可以想一想，你九歲的時候，是不是還在上小學三、四年級？三、四年級的小學生不可能成為校長，可是朱祁鎮小朋友卻要成為一個龐大帝國的領導人，這也太讓人不放心了！因此，國家的實際掌權者是明英宗的嬤嬤張太皇太后。張太皇太后執掌朝政的時候，重用「三楊」這樣聰明能幹的大臣，把國家治理得很不錯。

可是好景不長，明英宗登基的第七個年頭，為他遮風擋雨的嬤嬤去世了，少年朱祁鎮只能親自扛起領導帝國的重任。年輕的皇帝過分信任宦官王振，給大明朝惹來了天大的麻煩。

説起明朝皇帝和宦官之間的「恩怨情仇」，那可真是跌宕曲折。明太祖朱元璋曾在宮門口立起鐵碑，明確寫上了「內臣不得干預政事」，他甚至不准太監們認字。明成祖朱棣奪權時，接受過太監們的幫助，因此他設立了東廠，讓親信太監們鎮守各地、出使他國、刺探消息，湧現出了像鄭和這樣大名鼎鼎的人物。到了明宣宗在位時，太監甚至能幫他批答奏摺（批紅）。明宣宗還開設了內書堂，專門教小太監們識字讀書。到明英宗時，大太監王振更是獲得了巨大的權力。

　　王振早先是個落第秀才，後來當了教官，但是他認為讀書這條路太難了，便入宮做了一名太監，被明宣宗派去服侍太子朱祁鎮。年幼的朱祁鎮非常信任王振，不直呼其名，而是尊稱他為「先生」。等朱祁鎮當上皇帝，就提拔他當了大官。王振喜歡弄權，張太皇太后在位時，還能約束他的行為。太皇太后一去世，他可就徹底肆無忌憚了，開始把持朝政。哪位大臣敢得罪他，就會被關到監獄。大臣們都很害怕王振，為了討好他，甚至叫他「翁父」。

王振處理問題經常很任性。明英宗在位時，北方的瓦剌（明朝對蒙古諸部的總稱）逐漸強盛起來，頻繁地侵擾邊關，而且每年都派幾千名使者出使大明，用牛馬和動物毛皮來換取大明的瓷器和絲織品。大明朝不僅要供着這些人大吃大喝，還要給他們大量賞賜，明顯是在做「虧本生意」，令很多大臣感到不滿。王振想藉這件事情增強威望，就下令削減給瓦剌的賞金。

但這就惹上大麻煩了！瓦剌的首領也先以此為由，兵分四路攻打明朝，自己親率一路兵攻打大同，一場大戰就要爆發。

這時，不懂軍事的王振不斷慫恿英宗御駕親征。英宗聽信了王振的讒言，打算仿效自己的爺爺、太爺爺，在戰場上建立功勳。可這時的明朝軍備廢弛，能征善戰的將領們逐漸凋零，軍事力量大不如前。大臣們也認識到了皇帝出征的風險，紛紛拚死反對。年輕氣盛的明英宗沒有採納這些意見，他命令弟弟郕（chéng，粵音成）王朱祁鈺（yù，粵音玉）留守北京，然後就自信滿滿地出發了。

英宗急匆匆地帶着大軍和朝臣們出征，根本沒來得及好好準備，部隊的食物和裝備跟不上，還遇上了連日的暴風雨，大家叫苦連天。可就算這樣，哪位大臣膽敢勸皇帝退兵，就會被王振罰跪在草叢中。大家跟着英宗出了居庸關，一路經過懷來、宣府，到了大同。這時前線剛打了敗仗，鎮守太監郭敬逃跑回來，向英宗和王振描述了瓦剌軍隊的兇悍。王振終於害怕了，英宗就決定退回北京。

在回北京的路上，王振為了在家鄉父老面前炫耀一下自己的權力，便邀請英宗從他的家鄉蔚州經過。可是快走到時，王振又擔心軍隊人數眾多，會踩壞他在家鄉種的莊稼，於是下令大軍改道，向宣府（今河北省張家口市宣化區）進發。將士們辛辛苦苦奔波了半天，疲累極了，都盤算着到了宣府能好好休息一下。可是沒想到，剛到宣府，瓦剌首領也先就發動了攻擊。英宗派朱勇斷後，自己則帶着大軍往居庸關方向逃去。

大軍馬不停蹄地趕到了土木堡，距離懷來只剩下二十五里地。懷來有着完善的防禦設施，只要進了懷來城就安全了，可是王振卻因為自己搜刮來的一千餘車財物還沒運到，強行命令大軍在土木堡駐紮。

就在這時，也先追了上來。也先知道，硬碰硬地打仗，瓦剌是打不過大明的。他就要了個花招，欺騙明英宗說自己想求和。趁明軍不注意時，瓦剌大軍衝了出來，擊潰了明軍。明朝的大臣們、將軍們、士兵們，紛紛喪失了鬥志，丟盔棄甲，四散逃命。這一戰，明朝的精銳部隊全軍覆沒，幾乎一半的大臣死於軍中，罪魁禍首王振也死在了亂軍之中，而明英宗則被瓦剌人俘虜。這就是著名的「土木堡之變」。

就這樣，明英宗淪為瓦剌人的俘虜。也先沒有殺掉他，而是把他當作人質，不斷地向大明勒索錢財。後來，瓦剌人還帶着他去大同、宣府這些地方，脅迫他向守城的明軍下令打開城門，試圖趁機攻下這些軍事要塞。守城將領們識破了也先的詭計，不僅沒有上當，還反過來戲弄也先。

也先帶着明英宗跑來跑去，卻沒有勒索到多少錢，騙開城門的計策也行不通。他十分憤怒，於是決定放棄詭計，率領大軍進攻北京，北京城陷入了空前的危機。狼煙四起，瓦剌大軍要來了。

皇家修建的觀象台

　　大家還記得講元代時提到過的郭守敬嗎？當年他在元大都（今北京市）當官的時候，修建了一座觀象台，在元末戰爭中被損毀了。明英宗正統七年（1442 年），在被損毀的觀象台基礎上，重新修建了一座觀象台，高 3.1 米，底座闊 5 米，建成後便一直使用到 1929 年，持續觀測天象近五百年。

當時的世界

　　1444 年，鄂圖曼軍隊在黑海西岸擊敗了由匈牙利國王率領的十字軍，鞏固了鄂圖曼在東歐的統治。1449 年，「土木堡之變」。

于謙守北京

粉身碎骨全不怕 ·······························

　　上個故事裏我們說到，明英宗率領大軍去迎戰瓦剌，結果卻被打得落花流水，自己也變成了俘虜。

　　這個消息傳到北京，可把大家嚇壞了。你想想看，一個帝國沒有了皇帝，當瓦剌的軍隊再次來襲時，誰來帶領大家奮力抵抗呢？大臣們一下失去了依靠。明英宗的母親皇太后只好站了出來，代替被俘虜的兒子主持朝政。

　　接着，更壞的消息傳來了，瓦剌的首領也先正在率領軍隊向北京進發，北京眼看就要陷入戰火之中。如果大明再打輸了，就要迎來滅國的命運。大臣們都很害怕，有的人就向皇太后建議，先逃離北京，跑到南京去，不要跟強大的瓦剌軍隊正面交鋒。

　　其中一位大臣很「聰明」，他也想逃跑，可是又不願意承認自己膽小，就說天上的星星發生了變化，預示着必須把都城遷到南京去，才能躲過這場浩劫。

　　聰明的你們一定知道，聽星星的話，是一種迷信行為。可是古代的人們不了解天體運行的規律，他們是很相信預言的。眼看着朝廷上只剩下一種聲音，那就是逃跑，馬上逃跑，跑到南京去。

　　這時候，于謙——一位勇敢的大臣——站出來大聲說：「提議逃跑的人都應該處死！京城是國家的根本，連京城都不要了，怎麼可能打勝仗呢？你們忘了宋朝遷都的事情嗎？」

　　前面說過，宋朝分為北宋和南宋，北宋的最後一位皇帝在位時，北方的金國大軍攻佔了北宋都城開封，俘虜了皇帝和太上皇。倖免於難的大臣們逃離開封，擁立宋高宗即位。宋高宗雖然是皇帝，卻過着流離失所的生活，他先是在河南商丘稱帝，又南下遷都到浙江杭州。自此，南宋始終無法擺脫邊境強敵的侵擾，只能在連綿的戰火中走向衰敗。

聽到于謙的話，主張逃跑的大臣們沉默了。于謙開了頭，主張抵抗的大臣越來越多，皇太后最終聽取了這些大臣的建議，決心守衛北京。為了擺脫也先的勒索脅迫，大臣們又擁立明英宗的弟弟稱帝，史稱明代宗。

「北京保衛戰」從此拉開了序幕。

用現在的話說，于謙是一位辯論小天才。明英宗的父親明宣宗在位時，有一個王爺在江西起兵叛亂，于謙跟着明宣宗去平叛。叛亂平定後，明宣宗命令于謙批評叛王的罪過。于謙言辭鋒銳，把叛王責備得抬不起頭，趴在地上不停發抖，懺悔自己的罪過。

于謙不僅很會說話，也是一位非常有才幹的將領。「土木堡之變」中明朝的大官們損失近半，于謙成了現存官位最高的軍事長官。所以明代宗任命他為兵部尚書，承擔起指揮「北京保衛戰」的重任。

打仗可不是只有雙方軍隊在戰場上的廝殺。你可以想像一下，運動會上，兩個班級的小朋友比賽拔河，拔河前老師是不是要排列陣型？是不是會為參賽的小朋友們準備食物和水？萬一有小朋友摔倒，那就更不得了了，老師是不是要趕緊上前查看情況，確保小朋友的安全？

這時候，于謙就像是守城軍隊的班主任老師，負責看管北京城裏所有軍民的安危。

首先要安排好守城的軍隊。于謙選拔了一批善於打仗的將領，帶着騎兵部隊和火器部隊鎮守大同、宣府等北京周邊的要塞城市。另外，他派遣軍隊駐守北京的九個城門，牢牢守衛住進城的通道。後來，河南、山東等地的援軍也相繼趕到，京城的兵力增加到了二十二萬人。

打仗的時候，將士們餓着肚子也不行呀。京城的糧食都儲存在附近的通州，那時候可沒有大貨車，糧食不能在短時間內運到城裏。有人擔心瓦剌先攻破通州搶到這些糧食，便建議于謙燒毀它們，不能讓瓦剌人白佔便宜。于謙卻認為這些寶貴的糧食不能浪費，他調動老百姓們一起運糧，運糧食多的人，就給他們獎勵。就這樣，通州的存糧被源源不斷地送往京城，解決了將士們的糧食難題。

除了操練軍隊，于謙還組織京城的老百姓們籌備磚石、木材、石灰等工具，為戰鬥儲備資源。他還鼓勵京城周邊的老百姓們拿起武器，靈活戰鬥，從後方打擊瓦剌軍隊。

終於，也先率領瓦剌大軍趕來了。

于謙把二十二萬大軍分別安排到九個城門之外，組織士兵勇敢抵抗來勢洶洶的敵軍。經過五天的苦戰，將士們牢牢守衛住城門，把也先攔在外面。

經過「土木堡之變」的勝利，也先得意忘形起來了，以為能輕易佔領京城，卻沒想到在于謙這裏踢到了鐵板。當他發現自己不可能攻下北京城，又聽說全國各地的朝廷援軍即將抵達，只好灰溜溜地帶着瓦剌軍隊撤走了。

明朝的將領乘勝追擊，在河北的易縣狠狠打敗了也先，瓦剌的其他軍隊也被朝廷打敗。也先只好派出使臣來北京，請求恢復和平。

到這裏，「北京保衛戰」取得了圓滿勝利，大明王朝轉危為安。

「北京保衛戰」的勝利，讓于謙成為眾人敬仰的大英雄，也獲得了明代宗的信任。一直到今天，人們説起于謙，心裏都還是佩服極了。

《石灰吟》

《石灰吟》是于謙創作的七言古詩：

> 千錘萬鑿出深山，烈火焚燒若等閒。
> 粉身碎骨全不怕，要留清白在人間。

詩中描寫了石灰的開鑿和煉製過程，讚頌了石灰歷經磨難而志向不改、粉身碎骨也要一身清白的精神，寄託了于謙的高潔志向，讀來非常動人。詩句語言質樸，氣度恢宏，結合于謙剛直不阿的品格和大無畏的精神，更是給人以無限的啟迪和激勵。

奪門之變

皇帝復位記 • • • • • • • • • • • • • • • • • •

　　「北京保衛戰」結束了，明朝也有了新的皇帝，那個被俘虜的皇帝明英宗朱祁鎮似乎成了這個世界最不需要的人。也先覺得留着他給自己帶來不了甚麼好處，還得給他飯吃，所以想把他送回去，而大明這邊卻一直拒絕接收。雙方僵持了很久，最終朱祁鎮還是被送回了大明。

這下局面就有些尷尬了，該怎麼處理這個原來的皇帝呢？此時的明代宗朱祁鈺已經習慣了皇帝的生活，習慣了說一句話所有人都得聽的感覺。他怕哥哥回來會對自己的皇帝位子構成威脅，所以當朱祁鎮被送回北京後，他全然不顧兄弟情義，將他安置到了宮城南面的一處房屋——南宮住下，實際上是軟禁了起來，派人進行嚴密的監視。據說為了防止朱祁鎮與其他人聯絡，南宮的宮門常年緊鎖，食物和紙筆都只能定期送進去，而且還時常遭到剋扣。

大家可以想像一下，如果把你放在學校裏，連週末都不許走出校門，吃飯、睡覺、學習、運動都只能在校園裏，你是不是連兩週都堅持不下去？朱祁鎮別無選擇，只得和自己的妻子錢皇后住在南宮裏，開始了日復一日的難挨時光，名義上是尊貴的「太上皇」，實際上就跟囚犯差不多。明英宗和錢皇后的生活非常清苦，連宮女和太監都敢對他們落井下石。從錦衣玉食的皇帝淪落到這樣的地步，明英宗心裏的失落感可想而知。

轉機出現在七年後，也就是明代宗執政的第八個年頭。

明代宗從事皇帝工作的這八年，勤懇處理政事，任用賢明的臣子，整頓軍隊，治理水患，使明朝的國力蒸蒸日上。唯一讓大臣們不滿意的是，明代宗看起來不打算歸還皇位。當初明英宗被俘後，太后先立明英宗的兒子朱見深為太子，只是因為太子當時只有兩歲，才讓明代宗登基暫時代理執政，到太子長大後再將皇位歸還給他。沒想到明代宗野心越來越大了，堅持罷黜了朱見深的太子之位，轉而讓自己的兒子朱見濟當太子。不久後朱見濟不幸夭折了，他也拒絕重新讓朱見深當太子。

到他執政第八年的正月，他本人生了重病，甚至露出了要去世的跡象。大臣們不由得開始憂慮：萬一明代宗的身體好轉不了，誰來當皇帝呢？

皇帝的人選可是一個嚴肅的問題。大部分大臣希望擁立朱見深即位，他曾是名正言順的太子，只是被明代宗出於私心廢黜了。可是明代宗卻對這個提議並不感興趣。他擔心，自己已經得罪了明英宗，萬一他的兒子即位，明英宗獲得權力之後，會不會對自己的家人展開報復？因此，儘管大臣們一直請求將朱見深立為繼承人，但明代宗始終嚴詞拒絕，討論陷入了僵局。

此時，卻有另一些人想要借助皇帝的人選這件事，為自己撈好處。大將軍石亨、都督張軏（ní，粵音危）和張軏（yuè，粵音越）、太監曹吉祥、御史楊善和徐有貞，正在大膽地策劃一場拯救明英宗的活動，希望擁立明英宗復辟當皇帝，從而得到他的寵信。

在這些人裏，徐有貞腦子最靈活，膽子最大，是拯救明英宗計劃的主謀。曹吉祥則作為內應，事先和明英宗取得了聯繫，更是得到了明英宗母親孫太后的支持。

正月十六日晚，張軏率領一千名士兵向內城進發。石亨用自己保管的鑰匙打開了城門，趁着天黑，將這些人放入內城，又和他們一起抵達了南宮門外。

南宮宮門緊鎖，他們就用繩子懸掛巨木撞擊宮門和宮牆，直到宮牆被震破一個大洞，他們才進入南宮，拜見明英宗，並說明了來意。明英宗假意推辭了幾次。石亨等人卻一直慫恿他，承諾會帶兵幫助他重返皇位。明英宗最終和他們一起離開了南宮。在路上，他還問清了這幾個人的名字，承諾以後會報答他們。

這些人簇擁着明英宗，來到東華門前。東華門是宮城的東門，這座城門夜裏是不開的，要想進去可以說根本不可能，這時只聽明英宗好像阿里巴巴一樣，對守衛大喊道：「我是太上皇，開門！」沒想到，門竟然真的開了。

大家迅速沿着東華門一直衝到皇帝舉行朝會的奉天殿，將明英宗請上了御座，向他行了三跪九叩的大禮，並敲響鐘鼓，號令大臣們進入宮殿。當大臣們發現皇位上坐着的人不是明代宗，而是多年不見的明英宗時，都非常震驚。明英宗告訴眾臣，由於明代宗身體不好，自己將會復位，大臣們依舊可以擔任原來的官職。礙於明英宗的威勢，大臣們紛紛跪拜行禮，承認了他的地位。

就這樣，明英宗重新奪回了皇帝的寶座，他也成為明朝歷史上唯一一位兩次當皇帝的君主。後來，明英宗將明代宗廢為郕王，軟禁在西苑。不久後明代宗去世，明英宗也不承認他的皇帝身份，沒有把他葬入皇陵，而是以親王的禮節把他安葬在了西郊的陵墓。也正因為如此，我們如果去北

京的十三陵景區旅遊，是見不到明代宗的陵寢的。

明英宗雖然先後兩次做了皇帝，可是他的工作能力實在不怎麼樣。他復位後，信任石亨、徐有貞等幫助他重返皇位的大臣，殺害了于謙等對國家有功的大臣。諷刺的是，徐有貞、石亨、曹吉祥等人合力策劃了「奪門之變」，並紛紛得到重用，可是不久後，這些人又開始了窩裏鬥。石亨先是和曹吉祥聯手把徐有貞趕出了京城，又大肆培植自己的勢力，惹怒了明英宗，被明英宗關進監獄。

就這樣，大臣們互相爭鬥，國家政權逐漸陷入混亂，明朝的統治危機也一天天加重了起來。不過別擔心，下面我們將會認識明孝宗朱祐樘（táng，粵音堂），他是個非常不錯的皇帝。

知識加油站 文化

景泰藍瓷器

「中國」的英文叫 China，是瓷器的意思，可見外國人是多麼喜歡中國的瓷器。明朝時，中國的瓷器製造技術空前提升。明代宗的年號是「景泰」，在他執政時盛產的「銅胎掐絲琺瑯」陶瓷，就被後人稱為「景泰藍」。這類瓷器工藝最初由阿拉伯地區傳入中國，又被勤勞智慧的中國工匠改良，煥發出瑰麗的光彩。景泰藍瓷器富麗典雅、輝煌莊重，具有鮮明的民族特色和文化內涵，成了馳名世界的手工藝品。

當時的世界

1453 年，強大的鄂圖曼攻陷了君士坦丁堡，綿延千年的東羅馬帝國就此滅亡。1457 年，「奪門之變」。

明孝宗弘治中興

吃百家飯長大的皇帝 ·····················

　　前面我們提到過，明英宗通過「奪門之變」重新登上皇位。他去世後，就把皇位傳給了長子朱見深，歷史上稱為明憲宗。

　　想想明憲宗的父親和叔叔的幾番較量，就知道明憲宗小朋友的童年過得有多悲慘。他才兩歲多，父親就被瓦剌人抓住關了起來，好不容易盼到父親回來，卻又變成了困在南宮的「囚犯」。其間，他的太子之位還被叔叔廢黜。直到父親復位，他才重新成為太子，最後繼承了皇位。

　　明憲宗的童年很不幸，但是明憲宗的兒子明孝宗朱祐樘的童年更曲折。他從出生一直到五六歲，都沒見過自己的爸爸。他竟然是被太監、宮女養大的！這是怎麼回事呢？

　　原來，明憲宗即位後，非常信任後宮裏的萬貴妃。這位萬貴妃原本是明憲宗幼年時的保姆，陪着他歷經磨難。明憲宗即位後，就將這個年齡跟他母親一樣大的保姆封為了貴妃。在明憲宗心裏，沒人比萬貴妃更重要，就連皇后惹惱了萬貴妃，也逃不脫被廢掉的下場。但是這個萬貴妃嫉妒心很強，她不喜歡明憲宗跟其他妃嬪生下孩子，一有妃嬪懷孕，就會遭到她的毒手，導致明憲宗都當了好幾年皇帝，還沒有孩子。

　　後來，宮中有一位姓紀的宮女懷孕了，但她害怕狠毒的萬貴妃，根本就不敢聲張。但紙終究包不住火，萬貴妃還是聽說了這件事，就安排自己的親信去打掉孩子。還好紀宮女平時人緣很好，萬貴妃派去的人不願意傷害她，就撒謊說紀宮女沒有懷孕，只是生了病。萬貴妃相信了這套說辭，就派人把紀宮女丟進了後宮中偏僻的角落，讓她自生自滅。

　　紀宮女僥倖逃過一劫，悄悄生下了孩子。可是皇宮裏忽然多了個嬰兒，這哪裏瞞得過萬貴妃呀？她派自己的親信太監張敏去殺掉嬰兒。然而張敏看到可愛的嬰兒，不忍心下手，

就幫助紀宮女把嬰兒藏了起來，然後欺騙萬貴妃說已經完成了任務。

　　這個孩子安靜地降生，沒人給他取名字，沒人給他登記戶籍身份，也沒人給他皇子的待遇。紀宮女身份低微，沒有能力撫養一個嬰兒。還好有一些好心腸的太監和宮女們，從自己微薄的工資中擠出錢來給他買食物，齊心協力地照顧他，他才能夠平安長大。不同於其他錦衣玉食的皇子，他只是個被百家飯養大的小孩。

　　到這孩子五歲多的時候，明憲宗已經在皇位上待了十一年了，還是沒有生下一兒半女。有一天，明憲宗找張敏來給他剃頭，看到鏡子裏的自己有些衰老的臉，他忍不住重重歎了口氣，哀歎着說：「我都一把年紀了，怎麼還是沒有兒子啊！」

　　張敏聽了，心裏不禁產生了一場激烈的鬥爭，到底要不要把這個孩子的事情告訴明憲宗呢？假如萬貴妃知道了這個孩子的存在，肯定會勃然大怒，張敏和其他人的性命可就難保了。張敏很為難。最終，勇氣戰勝了怯懦，張敏跪在地上告訴明憲宗：「您已經有兒子了。」

　　明憲宗一開始還不信，等張敏把所有的事情都講出來後，他馬上派人趕去後宮接兒子。當這個孩子怯生生地走到明憲宗面前時，明憲宗一把抱住了他，激動地大聲喊道：「這是我的孩子！」然後他開開心心地帶孩子去見大臣，告訴所有人，大明帝國從此後繼有人啦！

　　不久，這個孩子被取名為朱祐樘，並被明憲宗立為太子。等明憲宗病逝後，他就成了皇帝，歷史上稱為明孝宗。

　　可是明孝宗的皇位坐得並不舒服，主要是因為明憲宗當皇帝的後期整天不務正業，就知道跟一幫道士湊在一塊煉丹。大臣們都不管用，只能當擺設，被人們嘲笑是「紙糊三閣老，泥塑六尚書」。太監汪直倒是很「努力」，他開辦了西廠，變着花樣羅織大臣們的罪狀，動不動就把大臣關到監獄裏用酷刑折磨，還把這些事情粉飾成自己的功勞，以得到明憲宗皇帝的寵幸。

　　這些宦官、道士、大臣們還會互相攻擊，朝廷簡直亂成了一鍋粥。

　　明孝宗當上皇帝時，面對的就是這樣的情況。但明孝宗很能幹，他快刀斬亂麻，趕走了父親寵信的那些道士，開除了只會混日子的大臣，又把

作惡多端的宦官關起來治罪，朝廷一時間變得清清爽爽。

明孝宗重用「弘治三君子」王恕、馬文升、劉大夏，提拔賢明的文臣，鼓勵大臣們暢所欲言；改革官員考核制度，整頓貪污和腐敗；減免地方的賦稅，減輕百姓的負擔；在軍隊裏發起改革，大大提升了軍隊的戰鬥力。

通過這些措施，國家不再像明憲宗在位時那樣萎靡不振，政治變得清明，大明王朝重新煥發了生機。歷史上稱這段時期為「弘治中興」。

明孝宗雖然有着不幸的童年，卻並沒有被厄運打敗，而是成了一位賢明的君主。然而，這樣一位皇帝，卻沒能教育好自己的孩子。下個故事裏，我們將會認識他的兒子朱厚照，也就是明朝歷史上最能「折騰」的皇帝明武宗。

銅活字印刷

　　大家都知道，印刷術是我國四大發明之一。北宋的畢昇發明了泥活字印刷術，後來又出現了木活字、錫活字。到明朝，銅活字印刷得到了廣泛應用。弘治三年（1490年），華燧首次用銅活字印成《會通館印正宋諸臣奏議》五十冊，後又印行《錦繡萬花谷》、《百川學海》等書，為這些古籍的保存作出了很大貢獻。

當時的世界

　　1467年，也就是明憲宗即位的第三年，日本因為室町幕府將軍繼嗣問題，引發了一場持續十年的全國大混戰，歷史上稱為「應仁之亂」，日本歷史進入了「戰國時代」。

皇帝封自己為大將軍

愛玩的明武宗 ·····················

　　上個故事我們說到，明孝宗帶領明朝進入了「弘治中興」。可等他的兒子明武宗朱厚照登基以後，一切就都變得亂七八糟，因為這個朱厚照實在是太貪玩了。

　　明武宗是明孝宗唯一長大成人的兒子。明孝宗溫和仁厚，再加上他自己的童年很不幸，就非常疼愛朱厚照，即使知道他性格頑皮，也不忍心責罰他。明孝宗臨終前，大臣們來探望他，他就囑咐內閣首輔劉健：「太子很聰明，可是年紀還小，你要多帶他讀書，教導他做個好人。」這一片真誠的愛子之心，聽着是不是讓人感動？

　　其實公平一點地說，明武宗也不算是個壞人。他只是太喜歡享樂，流傳下來的荒唐事，說上三天三夜也說不完。他從小就喜歡騎馬射箭，整天跟着服侍他的太監們一起胡混。他身邊有八個親信太監，號稱「八虎」，為首的叫劉瑾。這些人為了討朱厚照的歡心，搜羅各種歌舞雜耍、奇珍異獸獻給他，讓他玩得開開心心，就沒甚麼心思處理朝政了。

大臣們看他這個樣子，都憂慮極了。皇帝是一國之君，多少國家大事等着他決斷處理，怎麼能只知道玩呢？大臣們痛心疾首，勸諫明武宗的奏章像雪片一樣飛過來。可是明武宗總把這些話當成耳邊風，後來更是連早朝和午朝也不上了，一天到晚不見人影。大臣們很失望，他們認為現在的局面都是八虎搞的鬼，所以就跟明武宗攤牌，要求殺掉八虎，不然大臣們就辭職不做官了。明武宗頂不住大臣們的壓力，打算屈服，按照大臣們的意思辦。可是看到八虎趴在自己面前哭，他又一下子心軟了，拒絕了大臣們殺掉八虎的請求，反而懲治了領頭的劉健、謝遷，讓他們告老還鄉了。

　　從這以後，劉瑾就更加囂張了。前面我們講過明英宗在位時犯下彌天大罪的太監王振，大家應該都非常討厭吧？劉瑾卻把王振當成「偶像」，想像他一樣掌握大權。他專門給明武宗修建了「豹房」，在裏面準備了各種好玩的東西，據說還養了外國進貢的豹和各種動物，讓明武宗痛痛快快地玩。

　　劉瑾還總是趁明武宗玩得正開心時，去跟他請示國事。明武宗忙着玩樂，就跟他說，你自己看着辦吧，別來煩我。劉瑾就是用這樣的方式來操弄朝政。後來，他乾脆不再假惺惺地請示明武宗了，而是自己獨斷專行。

劉瑾大權在握之後，開始隨意處置跟他作對的大臣，看誰不順眼，就在朝堂上用棍棒打他，甚至有大臣挨打後傷重死去。大臣們寫奏章都要抄寫兩份，一份送給劉瑾，另一份才送給皇上。劉瑾自己讀書不多，就把奏章都帶回家，跟自己的親信商議着批閱。劉瑾還要求進京述職的官員必須獻給他財物，敢不給的官員，就要面對撤職的命運，有個窮官員給不起錢，甚至被逼自殺了。大臣們都很痛恨劉瑾，但是因為明武宗信任他，誰都沒有辦法。

正德五年（1510 年），寧夏的安化王以討伐劉瑾為名，起兵造反。明武宗派大臣楊一清帶兵討伐安化王，又派了宦官張永監軍。張永雖然也是八虎之一，但是和劉瑾的關係不好，還動手打過劉瑾。在打倒劉瑾這件事情上，張永和楊一清一拍即合。於是他聽取了楊一清的主意，打敗安化王之後，帶着俘虜回到北京，在明武宗給他舉辦的慶功宴上，把劉瑾的罪狀一條條告訴了明武宗。明武宗大驚失色，命人抓捕劉瑾，從劉瑾家查獲了數不清的金銀財寶，甚至還有兵器和龍袍。作惡多端的劉瑾終於得到了懲治，他的黨羽也都得到了應有的下場。

可是，雖然沒有了劉瑾，明武宗還是照樣貪玩。他後來又信任江彬、錢寧等武官，比以前玩得更瘋了。正德十二年（1517 年），他溜出北京，出了居庸關，跑到邊關的軍事重鎮宣府。一個皇帝，不好好待在京城，跑到邊關做甚麼？原來，當時明朝北方的蒙古人經常侵犯邊關，明武宗是御駕親征來了。他在宣府待了幾天，沒看到蒙古人，就去了更加前線的陽和，還封自己為「總督軍務威武大將軍總兵官」。不久後，蒙古韃靼（dá dá，粵音撻笪）部的小王子率領大軍侵犯邊境，明武宗親自統兵作戰，在應州打退了小王子，狠狠地過了一把統兵作戰的癮。

仗也打過了，玩也玩累了，明武宗開開心心地回京了。為了表彰自己在「應州之戰」中的勇猛表現，明武宗還封自己為「鎮國公」，規定戶部每年要給自己發一大筆工資。

又過了兩年，江西的寧王後人作亂，明武宗又趁機藉着平叛的名義，向江西進發。可是這次卻不太湊巧，明武宗還沒到，「寧王之亂」就已經被官員王守仁平定了。明武宗這可就不開心了，大老遠跑過來平叛，叛王

卻已經成了階下囚。這時，他身邊的人就給他出主意，先讓王守仁把寧王放了，再讓明武宗親自抓住寧王。明武宗覺得這個主意妙極了，險些就下令放虎歸山。還好機智的王守仁提前把叛王送到了南京，明武宗才只好帶着隨從回京。

在回京的路上，明武宗不小心掉到了水裏，雖然被人及時打撈上岸，卻從此一病不起。臨終前，明武宗感慨道，自己的病估計是治不好了，以往自己實在太貪玩了，以後的事情，就讓皇太后和大臣們一起看着辦吧。

明武宗一生貪玩，明朝的江山可就遭殃了。明武宗在位期間，奸臣當道，邊患頻繁，兩位藩王造反，百姓的日子越來越差，引發了大規模農民起義，明王朝的統治危機日益加重了。

知識加油站 文化

畫家唐伯虎

明武宗時，蘇州一帶出現了很多知名的畫家，其中最有名的便是唐寅（yín，粵音仁），大家可能更熟悉他的另一個名字 —— 唐伯虎。唐伯虎擅長畫仕女人物，在當時貴族間非常流行。如果我們去故宮博物院，還能欣賞到他創作的《王蜀宮妓圖》。因為蘇州一帶又被稱為「吳門」，唐伯虎與另外三位活躍在蘇州一帶的畫家沈周、文徵明、仇英，並稱為「吳門四家」。

王陽明創立心學

「聖賢」是怎樣煉成的？ ·····················

你還記不記得上個故事裏，平定了「寧王之亂」的王守仁？說起王守仁的頭銜，可真是有點長，他是明朝著名的思想家、哲學家、軍事家、文學家、教育家。更了不起的是，他還被稱為「聖賢」。王守仁號陽明，因此人們更加習慣叫他王陽明。

要成為聖賢可不是一件簡單的事。大家都知道，在先秦諸子百家中，對中華文化最有影響的思想就是儒家思想。而儒家學派發展了近二千年，到了明朝，能被稱為聖賢的人，也只有孔子、孟子、朱熹這三位。自科舉制度創立以後，讀書人絕大部分都想讀書考試做大官，沒空去想其他的。但是出生於明朝中期的王陽明同學，卻從小就懷有一個遠大的志向 —— 成為聖賢。

王陽明的父親是當朝狀元，在教育孩子上很有一套，除了請老師教王陽明讀四書五經，還親自帶着他去居庸關、山海關一帶遊歷。王陽明讀過古代聖人寫的四書五經，從書籍中汲取了營養；也遊覽過邊關的風景名勝，心胸變得更加開闊。他沒有變成當時常見的「書呆子」，而是保持着獨立的思考，想要沿着孔子、孟子、朱熹的指引，探尋世間的真理，走上聖賢之路。

　　怎樣才能求得世間的真理呢？據宋朝的大聖人朱熹所說，要「格物致知」，也就是說世間萬事萬物，不管是小朋友們上學背的書包，還是早餐吃的雞蛋，都蘊含着道理，要明白真理，就要對這些事物追根究底。王陽明決定聽朱聖人的話，先從自己家花園裏的翠竹「格」起。於是他守在花園裏，一動不動地盯着竹子，整整看了七天七夜。一週過去了，他甚麼也沒看出來，反而得了感冒。他的心中產生了疑問：凡是聖人說過的話，就一定是對的嗎？

　　雖然腦子裏整天想着這些大道理，但王陽明也不是一個脫離實際的哲學家。他順利考上了進士，在北京做了官。不過好景不長，為了幫一個正直的大臣說話，他惹惱了大太監劉瑾，被發配到貴州的龍場，做了一個管理驛站的小小驛丞。

一夜之間，王陽明從天子腳下的清貴文官，變成了偏遠山區的小小驛丞。龍場這個地方，山勢險要，苗人和僚（liáo，粵音魯）人雜居，漢族人很少，而且跟當地土著言語不通。如果你一覺醒來，發現自己躺在大山裏，身邊有很多看起來很奇怪的人，說着聽不懂的話，你是不是會不知所措？但王陽明承受了考驗，他深入山區，比手勢跟當地人交流，尊重他們的習俗，教導他們各類生活經驗。當地人都很信服王陽明，紛紛砍樹造房子，給王陽明居住。

王陽明解決了跟當地人相處的問題，只是保障了自己的人身安全，卻仍然不能擺脫自己的困境。龍場地方偏僻，沒有書籍，也沒有可以深入交流的人。王陽明只能在艱苦的生活條件下，獨自思索着那些一直沒有想通的道理。終於有一天，王陽明忽然領悟到，想要探索出世界的真理，應該從自己的內心去尋找，而不是依賴外界的事物。他大喜過望，大筆一揮，寫出《教條示龍場諸生》，提出了「致良知」的理論，史稱「龍場悟道」。

讀到這裏，你是不是對王陽明的理論感到一頭霧水？其實，王陽明要表達的意思很簡單，就是說，世間最大的道理就是「良知」，每個人的心裏都有良知。人們應該堅守自己的本心，去判斷事物的是非對錯，而不要被其他的人和事物所影響。知道了是非以後，還要去行動，不能只是空想，要達到「知行合一」的境界。這套理論，被稱為「心學」。

在心學的指引下，王陽明熬過了在龍場的艱苦時光，等到了回京的詔令。當時的兵部尚書王瓊非常欣賞王陽明的才華，提拔了他，又派他巡視江西一帶。當時這一帶盜賊橫行，山賊和政府官員互相勾結。王陽明到任後，乾脆俐落地剿滅了為患數十年的盜賊。當地的人們都驚呆了，將他奉若神明。

▲「龍場悟道」

王陽明奉命繼續巡視，正打算去平定福建的叛軍時，我們在上個故事裏提到的「寧王之亂」爆發了。當時的情況非常緊急，寧王兵強馬壯，殺害了江西本地的官員，從九江沿江而下，直逼南京。而王陽明手中沒有軍隊，根本不是寧王的對手。他迅速趕到吉安，招募義兵，並散佈朝廷大軍已經趕到的假消息，嚇得寧王不敢輕舉妄動，為自己爭取到了寶貴的準備時間。最終，王陽明率領招募來的軍隊與寧王在鄱陽湖決戰，平定了寧王叛亂。

　　王陽明身為書生，卻文武雙全，戰功赫赫。他在各地開壇講學，傳播自己的心學。心學成為明朝中後期的主流思想，還流傳到了日本，在東亞文化中影響深遠。王陽明也因此成為可以和孔子、孟子、朱熹並列的大思想家、大哲學家。就連很多小朋友非常熟悉的教育家陶行知爺爺，都是受了心學理論的影響，才給自己改了「行知」這個名字呢！

泰州學派

　　王陽明的心學影響深遠，發展出眾多流派，其中最具影響力的是泰州學派。泰州學派是中國歷史上第一個思想啟蒙意義上的學派，創始人是王陽明的弟子王艮（gèn，粵音靳）。泰州學派鼓勵發揚人的天性，解放思想，反對束縛，是晚明的代表思想，主要傳人有王棟、徐樾（yuè，粵音越）、趙貞吉、顏鈞、何心隱、羅汝芳、李贄（zhì，粵音志）等。

當時的世界

　　1506 年，王陽明「龍場悟道」。偉大的天文學家哥白尼回波蘭任教，並開始了《天體運行論》的寫作。

「大禮議」事件

這個皇帝愛煉丹 · · · · · · · · · · · · · · · ·

　　同學們有甚麼志願呢？是當老師，足球員，還是歌手？有一位明朝皇帝，他的志願非常特殊，你肯定猜不到。他就是明世宗嘉靖皇帝，他最大的志願是當個道士。

　　前面我們說到，愛玩的皇帝明武宗不幸落水後，不久就去世了。他去世時還沒有孩子，大臣們可就着急了，下一個皇帝該立誰呢？

　　這時候，大臣楊廷和提出，明憲宗的第四個兒子興獻王之子朱厚熜（cōng，粵音聰），從小就很聰明，為人孝順，可以當皇帝。看到這句話，你是不是覺得一頭霧水？別急，我們來整理一下。大家都知道，繼承皇位的可以是皇帝的兒子，稱為「父死子繼」；也可以是皇帝的弟弟，叫「兄終弟及」。明武宗沒有孩子，也沒有還活着的兄弟，怎麼辦呢？那就往上數，明武宗的父親明孝宗皇帝還有弟弟，就是興獻王。興獻王這時候已經去世了，但他的兒子朱厚熜是個好孩子，所以楊廷和就推舉他即位。

　　楊廷和推舉朱厚熜即位，其實也有私心。楊廷和是內閣首輔，除了皇帝，就數他權力最大。朱厚熜這時候才十三歲，還是個初中生的年紀，楊廷和覺得他比較好擺佈。但是楊廷和跟他所代表的文臣可打錯算盤啦，朱厚熜雖然年紀小，卻非常有自己的主意。

　　朱厚熜和楊廷和的第一輪較量是在新皇帝正式登基之前。以楊廷和為首的大臣們希望朱厚熜按照禮官制定的路線，從東安門進宮，先在文華殿住一陣子，再選個好日子登基。機智的朱厚熜立刻發現不對，從東安門進宮是太子的禮儀，可自己明明是來做皇帝的呀！他堅持拒絕這個路線，跟楊廷和爭執不下。最後還是明武宗的母親張太后居中調解，讓朱厚熜按照皇帝登基的禮節進了宮。

　　大家可能覺得不可思議，不就是一條路線嗎，有甚麼可爭論的？可是在古人眼裏，禮儀是最重要的事情，國家和個人的一切行為都要遵守禮

儀，不遵守禮儀就跟野人沒甚麼兩樣。朱厚熜堅持按照自己的禮儀進宮，捍衛了身為皇帝的尊嚴，贏得了跟楊廷和第一輪較量的勝利。

第二輪較量是在朱厚熜登基後。大臣們說，朱厚熜是繼承了明孝宗這一脈的皇位，他應該叫明孝宗爸爸，只能把自己的生父興獻王叫作叔叔。朱厚熜這可就氣壞了，怎麼當個皇帝，連爸爸都換人了呢？他拒絕了這個提議。可大臣們也不是好惹的，他們日復一日地勸說朱厚熜。朱厚熜忍無可忍，將很多官員逮捕下獄。他還動用廷杖（古代以竹板或荊條打人的刑罰），責打不聽話的大臣，導致十六人死亡。終於，朝廷上再也沒人反對他了，他將自己的親生父母追封為興獻帝和興獻后，保住了叫他們爸爸媽媽的權利。這就是著名的「大禮議」事件。

經過這些事，嘉靖皇帝朱厚熜感受到了權力的巨大威力，迅速地從一個孩子成長為帝王。他處死了作惡多端的江彬、錢寧，限制太監的權力，重用賢能的大臣，免除百姓的賦稅，約束外戚的行為，讓朝政煥發了新的生機。可是好景不長，嘉靖皇帝逐漸變得越來越獨斷專行。也許是為了永遠當皇帝，他開始篤信道教，沉迷於煉丹，希望找到長生不老的祕方。

嘉靖皇帝招來了一幫道士，給他煉製長生不老的丹藥，還在宮裏舉行大量的祈福儀式。他聽信道士們的胡說八道，認為道教能主宰人們的生死禍福，把自己身上發生的所有好事，比如疾病好轉、兒子降生，都歸結成道士們的功勞。他還胡亂給道士們封官，有個叫陶仲文的道士，不僅做了禮部尚書，還被封為少師、少傅、少保，縱觀整個明朝歷史，都沒有人同時被封過這麼多的官呢！

嘉靖崇信道教，給國家財政造成了極大的負擔。道教的祭祀儀式稱為「齋醮（jiào，粵音照）」。每次齋醮，都要設立華麗的法壇，擺放香爐、燭台、花瓶等法器，由道士們穿着繡滿金線和銀線的袍子，一邊吟唱，一邊起舞。為了舉辦齋醮，宮中每年要用幾十萬斤的黃蠟、白蠟和香品。不僅如此，嘉靖還大興土木，在皇宮內外興建大量道觀。後來，他又聽說服用靈芝煉製的丹藥能延年益壽，就派出一大幫人去全國的名山大川尋訪靈芝，全然不顧東南沿海還在打仗。

嘉靖皇帝不僅自己信奉道教，還要求大臣們一起信。凡是有敢反對嘉

靖皇帝修道的大臣，就會遭遇被貶官、流放，甚至被活活打死。而跟着嘉靖皇帝一起修道的大臣，則會得到他的寵信。於是有些心術不正的大臣，就把跟着嘉靖皇帝一起修道看作是升官發財的捷徑。而要討皇帝的歡心，最有效的方法就是寫「青詞」。

所謂青詞，指的是用紅筆在青藤紙上寫字，齋醮時敬奉給神仙。大臣們為了討好嘉靖皇帝，紛紛埋頭苦練，以提升自己寫青詞的水平，一時間湧現出了好幾位有名的「青詞宰相」。在下個故事裏，我們就會認識大名鼎鼎的青詞宰相嚴嵩，了解一代奸臣的飛黃騰達與覆滅。

知識加油站 文化

青花五彩魚藻紋大罐

提起明朝的瓷器，人們就會想到青花瓷。實際上，明朝的彩瓷也很有名。彩瓷分為釉上五彩、青花五彩等工藝，在嘉靖、萬曆年間，流行的是青花五彩。青花五彩通常用青花描繪出幾個重點的圖案，其餘部分用五彩填補完成，濃重熱烈，色彩斑斕。故宮博物院收藏的青花五彩魚藻紋大罐，體態圓潤，形制規整，是嘉靖年間官窯瓷器的精品，體現了極高的瓷器工藝水平。

當時的世界

1519 年，麥哲倫率領船隊從西班牙出發，歷時三年，完成了環遊世界一周的壯舉。這是人類歷史上首次環球航行。不過，麥哲倫在環球途中於 1521 年在菲律賓被一部落酋長殺死。1521 年，「大禮議」事件。

大奸臣嚴嵩

道士皇帝的「傳聲筒」 . . . .

　　上文講到道士皇帝嘉靖。嘉靖皇帝雖然聰明絕頂，卻懶於政務，一心只管修道。到了執政的第二十一年，他乾脆帶着道士們移居西苑，專心進行他的修道大業，既不上朝，也不跟大臣見面。

　　不過嘉靖皇帝不上朝以後，明朝的朝政卻還能勉強維持，這是因為他指派了「代言人」來幫助自己處理政務，這個人就是大臣嚴嵩。

　　嘉靖皇帝住在西苑時，大臣們只是輪流去西苑值班，但嚴嵩卻從早到晚守在辦公室，常常連續好幾天都不回家。嘉靖皇帝覺得他很勤奮，就讓他專門值守西苑，負責把自己的旨意傳遞給其他的大臣們。

　　嚴嵩沒有甚麼真才實學，之所以能當上全國最大的官，全憑他很會揣摩嘉靖的心思。嘉靖想做甚麼，嚴嵩就做甚麼，根本不管這件事情是對是錯。

　　為了討好嘉靖，嚴嵩全力支持嘉靖的修道事業。

　　上個故事裏我們提到過，嘉靖修道需要用青詞，嚴嵩就苦練自己寫青詞的水平，達到了廢寢忘食的程度。最終，沒有誰寫的青詞比嚴嵩寫的更符合嘉靖的心意。

　　嘉靖曾經把道士們戴的「香葉冠」賞賜給了幾個親近的大臣，讓他們戴着道士頭冠上朝。其他大臣認為這樣不合規矩，拒絕聽從。只有嚴嵩歡天喜地地戴上了香葉冠，為了防止香葉冠變髒，他還特意罩了一層青紗。

　　嘉靖寵信道士引發大臣們的不滿，嚴嵩卻從來不多說一句話，還主動幫助嘉靖尋訪傳聞中的靈芝仙草，煉製據說服用後就能長生不老的仙丹。

　　這樣一來，嘉靖越來越喜歡嚴嵩。

　　嚴嵩把嘉靖哄得開開心心，百姓們卻遭殃了。嚴嵩雖然沒甚麼才能，但在做壞事上卻很有一手，他仗着嘉靖對他的寵愛，把持朝政近二十年，做過的壞事說也說不完。他提拔自己的黨羽，整治不服從他的大臣，貪污

受賄，作威作福。他收了很多乾兒子，提拔他們擔任重要的職位。這些人裏有趙文華這樣愛拍馬屁的軟骨頭，也有鄢懋（yān mào，粵音煙貿）卿這樣心狠手辣的酷吏。而凡是敢說嚴嵩壞話的大臣，都被他關進監獄，甚至有被活活折磨死的。

可是嚴嵩只是對內霸道，遇上外敵，他就沒這麼神氣了。嘉靖二十九年（1550 年），北方的蒙古首領俺答攻破明朝的防線，逼近北京。嘉靖皇帝慌了神，急忙命令各地的軍隊趕來守衛北京，又找嚴嵩和其他大臣商議對策。嚴嵩竟然說，蒙古人只不過是想來搶點財物，他們搶夠了就回去了，不用擔心。大臣們都被嚴嵩的無恥震驚了。

後來，嘉靖皇帝採用了大臣徐階的建議，拖延了俺答進攻的節奏，等到了援兵。可是嚴嵩卻指使兵部尚書不要跟蒙古人正面交鋒，免得打輸了惹皇帝生氣。後來，明朝只好與俺答議和，被迫簽訂了雙方通商的條約。這是繼明英宗時期的「北京保衛戰」以後，敵人又一次衝到北京城下，史稱之變」，被嘉靖皇帝視作奇恥大辱。

一些正直的大臣忍無可忍，他們決心與嚴嵩鬥爭到底，其中最出名的是楊繼盛。楊繼盛家境貧寒，沒甚麼背景，但他為人剛正，早就看不慣嚴嵩了。他把嚴嵩的罪狀寫成奏摺，一下子列舉了五種奸計、十條大罪，一股腦兒上奏給嘉靖。可是嘉靖皇帝卻認為，嚴嵩是自己寵信的人，楊繼盛攻擊嚴嵩，就是在攻擊自己，大怒之下把他丟進了監獄。楊繼盛在獄中吃盡了苦頭，卻一直沒有屈服。最後，嚴嵩找了個機會把他處死了。

不過，嚴嵩的倒行逆施終於引起了嘉靖的不滿，嘉靖不再只信任嚴嵩，也開始和徐階親近。後來有一次，道士藍道行在為嘉靖扶乩（乩，jī，粵音基。一種占卜方法）時，假借神仙的名義，指出嚴嵩是壞人，誇讚徐階是好人。嘉靖信以為真，就逐漸疏遠了嚴嵩。這時，御史鄒應龍上書歷數嚴嵩父子的罪狀，發誓如果有一句假話，情願讓皇帝殺了自己。嘉靖受到感動，終於下令趕走了嚴嵩。雖然之後嘉靖又心軟了，但嚴嵩還是沒能逍遙法外。他被抄家流放，淪為乞丐，沒多久就死了。

嚴嵩家裏被查抄時，找到了三萬兩黃金、二百萬兩白銀，還有不計其數的珍奇寶物。光是為了記錄這些財產，就寫了六萬多字，相當於一百篇

小學生作文那麼長！像這樣腐敗奸詐的大臣竟然能把持朝政這麼多年，可想而知，嘉靖統治下的明朝有多黑暗了。

嘉靖在位時，不僅內政腐敗，邊患也層出不窮。東南沿海一帶的「倭（wō，粵音窩）寇之亂」，就讓當地人民苦不堪言。

《鳴鳳記》

《鳴鳳記》是明代的著名戲劇，相傳是嘉靖時期文人王世貞所著。《鳴鳳記》以重大政治鬥爭題材入戲，描寫了夏言、楊繼盛等人前仆後繼與大奸臣嚴嵩鬥爭的故事。作者選擇五個典型事例組成戲劇衝突，塑造了許多忠義之士的形象，對反派的刻畫也窮形盡相，揭露了明王朝的黑暗腐敗。《鳴鳳記》是明代戲曲史上的代表作，對後來李玉的《清忠譜》和孔尚任的《桃花扇》有着啟發意義。

當時的世界

1534 年，英國國王亨利八世不滿於教會的壓制，與羅馬教會決裂。他自行組建了英國國教，並由自己擔任宗教領袖，使王權達到了巔峯。1542 年，嘉靖皇帝痴迷修道，移居西苑。

民族英雄戚繼光

他把倭寇趕跑了 ●

　　嘉靖皇帝在位時，明朝有兩個非常討厭的「鄰居」，時不時地就要來侵擾邊境。第一個鄰居是北方的蒙古，大家對他們已經很熟悉了。另一個鄰居就是東南沿海一帶的「倭寇」。

　　明朝中後期，我國一衣帶水的鄰邦日本進入了「戰國時代」，分裂成幾十個小諸侯國互相爭鬥。一些沿海的小領主在日本國內戰爭中討不到好處，就組織了一大批日本武士、流民和商人，隔一陣子就要來我國的東南沿海一帶，不僅進行非法的貿易活動，還燒殺搶掠，給明朝沿海地區的百姓造成了極大的傷害。這些人就被稱為「倭寇」。

　　倭寇們的戰鬥能力非常強，而且打起仗來不怕死，明朝軍隊和他們作戰時總是吃虧。在這種情況下，遠在深宮煉丹的嘉靖皇帝也坐不住了，他想出了個「絕妙」的主意：派大臣趙文華去督察軍務時，到海邊舉行了一場祭海儀式，向神仙祈求安寧。大家當然猜得到，求神拜佛是沒有用的，趙文華果然無功而返。

　　世界上沒有能打敗倭寇的神仙，但是有一位英勇善戰的將領卻可以，他叫戚繼光。

　　戚繼光從小家境貧寒，卻很有志氣。他喜歡讀書，尤其喜歡讀兵法。長大後，他繼承了家中世襲的官職，先是在山東領兵抗擊倭寇，後來又被調到了浙江。一代名將戚繼光抗擊倭寇的傳奇，就是從浙江開始的。

剛到浙江的時候，戚繼光的事業開展得並不順利。他的第一個任務是率領幾千明軍去抗擊龍山所的八百多個倭寇。戚繼光本來覺得，像自己這麼聰明的將領，帶領遠超過倭寇人數的明軍，打敗對手只是小菜一碟。結果剛一開戰他就傻眼了，還沒等敵人衝過來呢，自己的士兵已經四散逃開，眼看着就要潰敗。情急之下，戚繼光跳上一塊大石頭，連發三箭，射死了三個倭寇首領。倭寇們大驚失色，停止了進攻，戚繼光才抓住機會組織明軍打敗了他們。

「龍山所之戰」雖然打贏了，戚繼光卻很鬱悶。他認為現在的士兵們太膽小了，帶着這些人是不可能打勝仗的。他多方尋找，終於在義烏一帶招募到了許多作戰勇敢的農民、礦工，組成了新軍。

戚繼光在帶兵上很有一套，他迅速把這些普通的老百姓訓練成了紀律嚴明的軍人。他還是一位武器大師，發明或改良了軍刀、狼筅（xiǎn，粵音癬）、火炮等新式兵器，讓軍隊的戰鬥力大大提升。不僅如此，戚繼光還很懂得因地制宜，根據沿海地區崎嶇複雜的地形，他琢磨出了「鴛鴦陣」等排兵佈陣的方法。從此，戚繼光擁有了勇敢的士兵、精良的武器、周密的戰陣，赫赫有名的「戚家軍」誕生了。

嘉靖四十年（1561 年），倭寇們從浙江沿海大舉進攻，在桃渚（zhǔ，粵音主）撞上了戚繼光，被打得落花流水。倭寇們不甘心失敗，就又開始攻擊台州。戚繼光率領軍隊在台州迎戰，他一馬當先，殺死了倭寇的首領。倭寇們失去了主帥，紛紛驚惶逃命，許多人都掉進瓜陵江被淹死了。後來，附近地區的倭寇又來台州侵犯，也被戚家軍全部殲滅。戚繼光帶領明朝軍隊揚眉吐氣，打了好幾場漂亮仗，這場戰役被稱為「台州大捷」。

倭寇們見從浙江登陸老是失敗，就改從福建登陸，攻陷了好幾座城市。福建的官兵不敢進攻，當地的官員就向浙江求助，請戚繼光帶兵來解圍。戚繼光就帶着軍隊來到了福建的橫嶼。橫嶼地處窪地，四面都是水。戚繼光就派士兵們每人都抱着一捆草，一邊填平壕溝，一邊向前行進。最終，戚家軍狠狠打敗了橫嶼的倭寇，還一路追擊，擊破了幾十個倭寇的巢穴。經過這些戰鬥，福建、廣州一帶的倭寇幾乎都被殺光了。

經過了幾年的苦戰，戚繼光的抗倭行動取得了最終的勝利，邊境的安寧得以恢復，東南沿海的百姓免除了被倭寇殘害的命運。而戚繼光抗倭的事跡，也代代流傳，被人歌頌至今。

知識加油站 軍事

鴛鴦陣

　　鴛鴦陣是戚繼光發明的戰鬥陣型，主要用於與倭寇作戰。明朝時，東南沿海地區的地形崎嶇，大部分是沼澤、丘陵，大部隊作戰的陣型無法施展。因此，戚繼光創造了一種以十二人為一組的戰鬥編制（一名隊長加十一名隊員），這種陣型像是結伴而行的鴛鴦，被稱為鴛鴦陣。戰鬥時，隊長在最前面衝鋒，後面的士兵有人拿長兵器，有人拿短兵器，相互配合作戰。鴛鴦陣還可以靈活變換成其他陣型。在與倭寇作戰時，大大提升了戚家軍的戰鬥力。

當時的世界

　　1564 年，在戚繼光等將領的圍剿下，東南沿海一帶的倭寇被平定。1565 年，西班牙殖民者在佛羅里達建立第一個殖民地，開始在北美實行殖民統治。

備棺上書的海瑞

提意見還要不怕死 •

嘉靖皇帝在位的最後幾年，大臣們都無奈地接受了皇帝只愛修道的現實，懶得再上書勸阻他了。嘉靖專心修道，大臣埋頭工作，大家誰也不搭理誰。然而，到了嘉靖四十五年（1566 年），卻有一個膽大包天的人，寫了一份奏摺給嘉靖，上面寫滿了批評他修道的話。

這個人就是海瑞。當時，他只是個芝麻大的六品小官。這個官職有多小呢？當時明朝一共有八萬名官員，如果把他們召集在一起，按照官職從高到低的順序報數，從早上開始報，可能等到天黑都輪不到海瑞。

嘉靖皇帝收到他這份言辭尖銳的奏摺後，鬍子都氣歪了，他把奏摺扔到

地上，怒吼着：「快來人抓住他！別讓他跑了！」而他身邊的太監黃錦卻說，海瑞的腦子一向都不太靈光，肯定不會跑，聽說他寫奏摺時早就知道會惹皇上生氣，連棺材都準備好了，就等着皇上去抓他呢！

聽到這些話，嘉靖沉默了。過了一會，他重新打開這份奏摺，反覆讀了幾遍。透過那些尖銳的指責，嘉靖皇帝明白了海瑞的忠誠與勇敢。他歎息着說，這個人的忠心可以比得上比干，幸好我不是紂王。大家都知道，比干是商朝時有名的忠臣，嘉靖皇帝把海瑞和比干相提並論，這是非常高的讚揚。

海瑞是海南人，從小就失去了父親，是母親含辛茹苦地把他養大。貧寒的家境沒有擊垮海瑞，反而磨煉了他的意志，讓他成了一個剛直不阿的人。

進入仕途一開始，海瑞當的是一個不入流的小官，在官府舉辦的學校裏工作。有一次，他的上司來學校視察，其他的小官們為了討好上司，紛紛跪倒在地拜見他，只有海瑞獨自昂首挺胸站着，比其他的人都高。上司心裏很不高興，又不好意思跟他計較，就小聲嘀咕了一句：「這是哪裏來的筆筒？」筆筒裏插了筆，是不是中間高、四周低？恰如海瑞獨自站在跪着的人們中間。海瑞上司的這個比喻，還真是很形象呢！

海瑞不僅剛正不阿，也非常聰明。他在浙江淳安當縣令時，浙江總督胡宗憲的兒子路過他的轄區。胡公子為人跋扈，在驛站和工作人員發生了衝突，就命令隨從把工作人員吊起來痛打了一頓。海瑞得知情況後，先是派人抓住了胡公子，又迅速派人去給胡宗憲報信。信裏說，一直聽說胡總督管教孩子很嚴格，可是現在有個不知道哪裏來的野小子，大鬧了淳安縣，還敢冒充您的公子，一定不是甚麼好人。為了表示懲戒，我派人沒收了他的錢財，把他送到您的府上，您來處置他吧。胡宗憲看了信，明知道海瑞抓住的人是自己的兒子，也只好吃了個啞巴虧，沒有追究海瑞。

前面的故事裏我們提到過，嚴嵩把持朝政近二十年，要風得風，要雨得雨，威風極了。可是海瑞卻不買他的帳。嚴嵩有個乾兒子叫鄢懋卿，受皇帝的派遣，到全國各地巡查。鄢懋卿是個壞透了的貪官，每到一個地方，他都會一面宣示自己清正廉潔、拒絕賄賂，一方面又暗示當地的官員們給他送上錢財。沿途的地方官不勝其擾。就在他快要到淳安縣時，海瑞靈機一動，想出了個主意。他給鄢懋卿寫了封信，先是誇獎他品德高尚，自己非常敬仰他的廉潔精神，筆鋒一轉又說，我曾聽到一些人在背後說大人您的壞話，說您貪圖享樂，喜歡奢華的生活，淳安是個小地方，無法提供良好的條件，大人您說怎麼辦呢？鄢懋卿收到這封信，一下子就明白了海瑞的態度，悻悻然繞道離開了。

後來，正直的海瑞越來越出名。不過，也因為他的性格剛直，很多人都不喜歡他，使得他的仕途並不平坦，經常遭受排擠，起起伏伏。但是不管是在甚麼位置上，對待地位比他高的人，他從不畏懼，仗義執言，從皇帝到大臣，沒有他不敢指責的人。而對待地位比他低的人，他卻非常同情。在底層老百姓心中，海瑞的形象好極了。

海瑞一直沒有兒子，在他去世後，御史王用汲去幫他處理後事，發現海瑞家徒四壁，跟貧寒的老百姓沒甚麼兩樣，不由感動得熱淚盈眶。海瑞去世後，商人們自發停止做生意，老百姓們紛紛趕來送葬，哭聲綿延上百里。

海瑞已經成為一座光輝的豐碑，他的清廉、正直，永遠銘刻在人們的心中。

嘉靖通寶

我國古代使用的圓形方孔錢，在唐朝以後稱為「通寶」。一般來說，皇帝在任時都會鑄造銅錢，銅錢的命名方式就是皇帝年號加上「通寶」，比如說嘉靖年間鑄造的就是「嘉靖通寶」。嘉靖在位時，為了慶祝東川府鑄幣局開始營業，下令鑄造了一批紀念幣，最大的錢幣直徑達 58 厘米，重達 41.47 公斤，是世界上最大最重的古錢幣，收藏價值很高。

當時的世界

1566 年，海瑞備棺上書。被西班牙統治的尼德蘭（荷蘭）正在醞釀人類歷史上第一次成功的「資產階級革命」，即「八十年戰爭」。

隆慶新政

明朝難得一見的好皇帝 ·············

　　看完前面幾個故事，想必大家心裏也煩透了道士皇帝嘉靖吧？別擔心，從現在開始，嘉靖給皇宮留下的所有宗教痕跡將會被一點點清除，而完成這件事的，就是他的繼任者隆慶皇帝朱載坖（jì，粵音忌）。

　　隆慶皇帝是嘉靖的第三個兒子，他在成長的過程中，並沒有得到多少來自父親的愛。嘉靖聽信了道士們「兩龍不能相見」的鬼話，認為自己是真龍天子，自己的兒子是小龍，龍是天底下最厲害的動物，兩條龍相遇，一定會你爭我搶，導致兩敗俱傷。所以他躲在西苑修道時，不僅不見大臣，也很少見自己的兒子們。

　　隆慶孤獨地長大，在這個過程中，他察覺到了父親的種種過失，養成了仁厚的性格。

　　因此，隆慶皇帝剛即位，就迅速把父親寵幸的道士們統統抓到官府論罪。他還下令拆毀了祭壇和煉製丹藥的地方，所有的祭祀儀式立刻停止。另外，他還裁撤了嘉靖為供應修道物資而新增的官吏，這些人再也不能仗着嘉靖皇帝的勢力胡亂徵稅和採買物資了。

　　隆慶改正了父親制定的許多不合理政策，並且下令赦免了嘉靖在位時那些因言獲罪的大臣。這樣一來，許多蒙受冤屈的大臣得以重見天日，那些不幸身亡的大臣的子女也得到了照應。

　　大家知道，在嘉靖一朝當大臣是一件很危險的事情，可能因為「大禮議」被當眾打屁股，也可能因為違逆嚴嵩而被投進監獄，更可能因為勸阻嘉靖修道而遭到責罰。就連前面提到的海瑞，也曾經被關在牢裏，直到嘉靖去世，才被隆慶皇帝赦免。

　　隆慶皇帝還下令減免百姓第二年要交的賦稅，對拖欠官府稅款的百姓也都不再追究。

　　這一系列措施史稱「隆慶新政」。明辨父親的過失需要極大的勇氣和智慧，體諒百姓的疾苦則需要仁慈，隆慶皇帝就是這樣一位寬厚睿智的皇帝。

　　如果說做了上面這些事情，還是在為父親的錯誤收拾殘局，那麼對東南沿海和北方邊關問題的處理，則完全屬於隆慶皇帝的功績。

還記得之前我們提過的倭寇嗎？其實，早在明太祖朱元璋在位時，就已經有零星的倭寇時不時地騷擾沿海邊境，因此朱元璋實施了嚴厲的海禁政策。可這沒有從根本上解決倭寇問題，因為總有些百姓想要和外界通商，就私下裏與倭寇做生意。直到嘉靖年間，大舉入侵的倭寇被戚繼光等人平定，東南沿海才迎來短暫的安寧。

隆慶認為，只要老百姓們還有通商的需求，倭寇問題就不可能得到真正的解決。如果能由官府出面維持市場秩序，確保商市流通，那麼商人就不用冒險走私，也就不會淪為倭寇的幫兇了。因此，他下令放開海禁，允許百姓駕船出海，遠航到外國販賣商品。從此，明朝東南沿海地區的海外貿易開啟了。有學者統計過，從隆慶開關到明朝滅亡，海外流入明朝的白銀總數達到了三億多兩，相當於全世界生產的白銀總量的三分之一！

解決了東南沿海的問題，隆慶又將視線投向了北方邊境。他將抗倭名將戚繼光調去守衛東北邊關，又安排曹邦輔、王陵守衛西北，命令王崇古、譚綸統籌剿匪事宜，派李成梁守衛遼東。就這樣，邊關佈滿了精兵強將，蒙古人再也不敢輕易來犯了。

可是隆慶皇帝卻不滿足於現在的局面。軍隊的威懾力只是暫時的，萬一朝廷不幸任命了一位昏庸的將領，那邊關形勢會急轉直下。明太祖和明成祖時期名將輩出，不也無法避免後世的「土木堡之變」嗎？隆慶想出了更巧妙、更有效的法子，從根源上解決蒙古人的威脅，那就是通商。

嘉靖在位時，蒙古首領俺答發動「庚戌之變」，目的就是為了開通馬市。現在隆慶皇帝親自下令，開關和蒙古人的通商線路，建設邊境市場，讓百姓們自由貿易。從此，明朝和蒙古的人民可以通過商業活動互相交換彼此需要的物品，再也不用拿起兵器互相攻打了。這個舉動被稱為「隆慶和議」。從這以後，再也沒有爆發蒙古人大舉入侵明朝的事件。這樣偉大的功績，英明神武的朱元璋沒有做到，能征善戰的朱棣沒有做到，反而是溫和寬厚的隆慶皇帝，一舉解決了這個長期的禍患。

隆慶皇帝生性簡樸，每年光是在飲食方面就能省下數萬兩白銀。他當政期間，被嘉靖耗空的國庫得以恢復，邊關戰亂基本平定，百姓們過上了平靜安寧的生活。

可是，隆慶皇帝性格實在是太好了，對大臣的約束力就比較弱。他在位時，大臣們互相傾軋（yà，粵音扎），爭權奪利。在他去世後，一代名臣張居正橫空出世，揭開了轟轟烈烈的「萬曆新政」。

束水攻沙法

　　大家都知道，黃河是我們的母親河，對中華文明的發展起着不可磨滅的作用。可是黃河在東流入海的過程中，會流經水土流失嚴重的黃土高原地區，導致黃河水中挾帶着大量的泥沙。在古代，水利技術相對落後，黃河每隔幾年就會發生決堤，沖毀農田和莊稼，導致人們流離失所。

　　隆慶、萬曆時期，大臣潘季馴提出並實施了「束水攻沙法」，原理是加固黃河的堤岸，收窄河道，使黃河水的衝力加大，這樣就能帶走泥沙；並適當修築滾水壩，當洪水過大時就打開堤壩，進行分洪。這個方法大大減輕了黃河的水患，對後世水利技術的發展產生了深遠影響。

當時的世界

　　1567 年，隆慶皇帝宣佈廢除海禁，允許百姓駕船出海，遠航到外國販賣商品。1568 年，「八十年戰爭」正式爆發。

張居正改革

皇帝的老師當了政 ....

　　從上個故事裏，我們認識了性格寬仁的隆慶皇帝，知道了他撥亂反正、南開海禁、北定邊關的功績。其實，這也不全是隆慶皇帝自己的功勞，也有一大部分建議出自大臣張居正。

　　張居正是隆慶皇帝信任的大臣，就是他想出了與蒙古人通商議和的好主意，並說服了隆慶帝，才換來北方邊境的和平。隆慶去世後，萬曆皇帝朱翊（yì，粵音亦）鈞即位，張居正成了內閣首輔。萬曆皇帝只是個十歲的小朋友，主要任務還是好好學習，對治國這件事插不上話，國家大事就全都由張居正掌握。

　　張居正是隆慶皇帝親自挑選的託孤重臣，他肩負起了教育小皇帝的重任。為了做好萬曆的老師，張居正親自編寫了一本書，把從古到今那些好事壞事、忠臣奸臣，都編纂成一個個淺顯易懂的小故事，配上好看的插畫，讓萬曆皇帝從故事裏領悟世間的道理。編寫這本書是為了讓萬曆學習歷史上好皇帝的為政舉措，而不要重蹈那些壞皇帝的覆轍，因此這本書被命名為《帝鑒圖說》。朱翊鈞小朋友能有這樣一本專門為他一個人編寫的課本，是不是很令人羨慕？不過他到底有沒有好好學習這本書，就是後話了。

　　張居正遠遠不止是個優秀的老師，他還是個偉大的政治家，有着改變世界的夢想。張居正小時候就聰明過人，後來又早早考中進士，進入翰林院學習，深受老師徐階的賞識。在翰林院時，張居正沒有太多工作，有很多時間去觀察和思考朝政。後來他又請了很長時間的假去遊覽全國。在遊歷的過程中，他看到了朝廷官員的腐敗、邊關軍事的廢弛和百姓生活的疾苦。這時他人微言輕，做不了甚麼，但有一顆種子已經悄悄埋在了他的心裏。

萬曆皇帝登基的第一年，張居正成為首輔，開始踐行年少時的夙（sù，粵音縮）願，大刀闊斧地推行改革。

　　第一件事是整頓吏治，推行考成法。大家都知道，評價一個小學生有沒有用功讀書，讀得怎麼樣，就要通過期末考試來判斷。評價一個官員有沒有好好工作，當然也有對應的制度。明太祖朱元璋在位時，每六年考核一次京官，每三年考核一次地方官。這個政策剛實施時還算有用，可到了明朝中期以後，地方越來越腐敗，這些考核也就流於形式了。

張居正提出的考成法，每年都會對官吏進行考核。考核的內容是，每個官員在年初都要寫下自己今年要完成的目標，寫好以後抄寫三份，一份留在自己部門的檔案館，一份送給稽（jī，粵音溪）查機關「六科」，最後一份送給內閣。到年尾的時候，六科根據這些待辦事項和目標的完成進度來評價官員的好壞。而六科的工作，則由內閣來判斷好壞。

考成法讓每個官員都很清楚自己要做甚麼事情，要在甚麼時間完成，大大避免了人浮於事的現象。僅僅是萬曆三年（1575 年），就有二百多名未能達成目標的官員，遭到了減少工資、降低職位的處罰。考成法也讓一大批優秀官員得到重用，像著名的守遼大將李成梁就是其中一個。

第二件事是推行一條鞭法，這一條是針對稅制的改革。國家的財政收入主要依靠稅收，百姓們種田、經商、打獵，都要給國家交稅，這樣國家才能供養官吏，維持秩序。而在明朝，百姓們要交的稅賦多種多樣，既有需要交糧食的田稅，也有需要出勞動力去給官府工作的徭役，還有各種花樣繁多的雜項，千奇百怪。而一條鞭法，意思就是把所有的田稅、徭役等等都合併到一起，折算成銀兩，老百姓只需要繳納規定數額的錢財。這就讓各級官吏不能巧立名目新增賦稅，也免去了運輸、儲存實物的不便。

為了推行一條鞭法，張居正還下令全國各地清丈土地，打擊了偷偷佔有土地而不交稅的地主。清丈田畝和一條鞭法的配合實行，顯著減輕了百姓的負擔，降低了官吏層層剝削的可能，提升了明朝的財政收入，為大明王朝的延續注入了活力。

可是，張居正的改革卻觸動了地主和官員們的利益，讓他們不能再通過作弊的方式斂財。因此，朝廷裏有很多人對張居正感到不滿。而張居正生活比較奢侈，出入宮禁都要乘坐三十二人抬的大轎，也給人留下話柄。後來，張居正的父親去世，按照規定，他應該辭官回家守孝。可是，張居正卻沒有遵守規定，引來了大臣們的猛烈攻擊，把萬曆皇帝煩得不行，只好下令，誰再敢咬住這件事不放，直接誅殺，絕不赦免，才算止住了這些言論。

張居正的改革卓有成效，他的身體卻越來越壞。萬曆十年，張居正去世，年僅五十八歲。然而，張居正死後沒幾個月，萬曆就下旨剝奪他的諡

號，抄了他的家。對張居正不滿意的官員趁機落井下石，封禁了張家的大門，導致張家十幾口人活活餓死。張居正的長子不堪受辱，自縊而死。

　　一代名臣落得這個下場，也真是令人唏噓。而要弄明白萬曆皇帝對張居正老師態度大轉變的原因，就得從萬曆登基開始說起了。

知識加油站 經濟

白銀正式成為官方貨幣

　　古裝電視劇裏常能看到，古人花錢時用的都是銀兩，比如碎銀子和銀錠。其實這是從明朝中後期才開始出現的，之前中國的貨幣還是以銅錢為主。

　　明朝中後期因為絲綢、瓷器、茶葉等商品在海外非常熱銷，使得外國大量的白銀流入中國，民間的百姓在日常交易中也開始使用白銀。明朝政府便順應這個趨勢，確立了銀錢並行流通的制度，規定白銀可以和銅錢一同使用。到了張居正執政時，正式確立白銀為明朝的法定貨幣。他制定的一條鞭法，在徵稅時就是把各州縣的種種稅收都折合成銀兩向百姓徵收。

當時的世界

　　1578 年，張居正開始實行一條鞭法。1580 年，西班牙國王腓力二世以葡萄牙公主之子的身份發兵擊敗競爭對手，成為葡萄牙國王，葡萄牙也因此併入到西班牙。

懶惰的萬曆

大臣都見不到的皇帝 ●●●●●●●●●●●●●●●●

　　皇帝作為一個國家的最高統治者，要決定很多國家大事。因此，他得非常勤奮才能做得好。明朝開國皇帝朱元璋就很勤奮，他還定了一個規矩，皇帝至少每五天要上一次早朝。可是，他的後代裏卻有好幾個皇帝都不聽祖宗的話，非常不愛上朝。

　　前面的故事裏，因為貪玩不上朝的明武宗，因為修道不上朝的嘉靖皇帝，都是這樣的。他們已經很不像話了，不過跟我們馬上要講的這個故事裏的主人公萬曆皇帝相比，就都是小巫見大巫了。萬曆皇帝創造過兩個紀錄：一個是在位時間最長的明朝皇帝，一個是不上朝時間最久的明朝皇帝。

　　萬曆剛登基時年紀還小，對張居正老師言聽計從，推行了許多行之有效的改革措施。可是隨着萬曆皇帝漸漸長大，他對張居正的不滿也越來越深了。前面說過，張老師專門為萬曆皇帝編了一本教材，那自然是要時時督促他學習了。哪個孩子不愛玩？玩得正高興呢，要是被人拉回教室上課，肯定一肚子不高興。更為嚴重的是，萬曆皇帝從小就籠罩在張老師的陰影之下，一切都被他安排，這是一個皇帝不能容忍的。張老師權力太大，經常獨斷專行，也不能不引起萬曆的警覺。萬曆表面上對他禮敬有加，實際上對他非常忌憚。因此，張居正死後，萬曆很快就「報復」他了。

張居正一死，萬曆皇帝總算可以自己說了算了。為了證明自己能做個好皇帝，一開始他非常勤奮。他延續了張居正生前那些好的治國政策，廢除了過於嚴苛的考成法。他還把清正廉潔的海瑞提拔起來，淘汰了一批不勝任的官員。這時候萬曆對百姓們也不錯，當時北方發生了旱災，他不僅免除災區老百姓們的賦稅，還親自步行了五公里到南郊的天壇，祈求風調雨順。

可是沒過多久，萬曆就發現，做個好皇帝實在是太累了。好皇帝要按時上朝，處理數不清的政務，遇到外敵入侵得想辦法打勝仗，遇到天災要賑濟災民，一不留神犯了錯，還要被大臣們追着批評。很快，他就開始懶得上朝，隔幾天就要找種種藉口請假。

從萬曆十七年（1589 年）開始，萬曆經常自己躲在深宮裏玩樂，很少上朝，也很少召見大臣。大臣們發現皇帝越來越消極怠工，頓時亂成一團，紛紛上書勸諫。有一位叫雒（luò，粵音洛）于仁的大臣，寫了一份名叫《酒色財氣四箴疏》的奏摺，指責萬曆貪圖享樂，讓身體越來越差，導致沒有精力處理政務。

萬曆收到這份奏摺，氣得七竅生煙，簡直想立刻抓住雒于仁痛打一頓。恰好這時候是年末，朝廷官員都休假了，他就把這份奏摺在宮裏留了十天，到正月初一召見大臣的時候，就把奏摺塞給內閣首輔申時行，要求嚴厲懲處雒于仁。然而，申時行也對萬曆皇帝不上朝的行為感到不滿，就幫雒于仁說了幾句好話。萬曆礙於情面，沒有發落雒于仁，但幾天後雒于仁辭職的時候，他也沒有挽留。從這以後，萬曆愈發懈怠。大臣們寫給他的奏摺，都像是泥牛入海，再也沒有了音信。

皇帝帶頭不管事，躲在深宮樂不思蜀，國家的朝政也就鬆鬆垮垮。首輔成為國家實際上的領導人，代替皇帝履行處理政務、任免官員這類職責。到萬曆執政後期，一些新進入內閣的大臣，甚至不知道皇帝長甚麼樣。大臣們在內閣值班時實在無事可做，就數太陽影子的長短來消磨時間。六部、大理寺的很多職位出現空缺，皇帝都不知道，也沒有人處理。

有一位叫趙志皋（gāo，粵音高）的大臣，在首輔的位置上苦熬了四年，他既得不到皇帝的支持，又總是因為辦事不力而被大臣們痛罵，想要辭職，卻一直等不到皇帝的回覆。後來趙志皋覺得自己的身體越來越差，實在支撐不住，就乾脆自己收拾東西回家休養去了。因為他的辭職申請沒有被批准，他在家足足休養了四年，也一直掛着首輔的名銜。直到他去

世，萬曆才指派了新人接替他。

萬曆皇帝雖然不上朝，但錢一點都沒少花。為了提升內庫的收入，他派出太監向各地徵收礦銀。這些錢財一部分供應宮裏的吃喝玩樂，另一部分則用於補充國家的軍餉和賑濟災民。由於這些礦銀的稅賦實在太重了，在遼東、雲南都激起了民變，朝廷又不得不花更多的錢去鎮壓。大臣們都反對這麼收稅，不停地上書勸萬曆皇帝停止徵收。萬曆皇帝先是同意廢除礦稅，又迅速反悔了，老百姓們白高興了一場。

就在萬曆皇帝胡混日子的同時，大洋彼岸的英國開始了向世界擴張的腳步，轟轟烈烈的「工業革命」正在醞釀之中。而近在咫尺的遼東一帶，一位叫努爾哈赤的年輕人，先是統一了女真各部，又正式稱汗，建立後金，向明朝吹響了進攻的號角。

從這一刻開始，新的王朝快速崛起，大明王朝的喪鐘就快要被敲響了。

知識加油站 文化

《坤輿萬國全圖》

你一定見過世界地圖吧？在中國版的世界地圖上，中國位於世界的中心。而在其他國家使用的世界地圖上，中國往往位居地圖的右邊。中國這種畫圖的方式，源於意大利傳教士利瑪竇和中國人李之藻合作刊刻的《坤輿萬國全圖》。該圖完成於萬曆年間，是中國最早的彩繪世界地圖。原本已經失傳，但尚有彩色臨摹版本保存在南京博物院，是國內現存最早的、也是唯一一幅根據刻本臨摹的世界地圖。

當時的世界

1586年，萬曆皇帝開始不上朝。1588年，西班牙與英國爆發了海戰，英國擊敗了西班牙「無敵艦隊」，奪得了大西洋航線的控制權。

大明軍隊援朝

一次海外援助 ●

　　在戚繼光抗擊倭寇的故事裏，我們提到過，當時的日本處於諸侯混戰狀態。到了萬曆年間，日本名將豐臣秀吉結束了長達一百多年的戰亂，統一日本，執掌了軍政大權。然而，豐臣秀吉的野心並沒有止步於此，他想先攻朝鮮，後佔中國，再侵吞印度，稱霸亞洲。於是，他開始積極訓練水軍，儲備物資，為進攻朝鮮做準備。

　　當時的朝鮮處於李氏王朝統治時期，已經過了二百多年的太平日子，很多士兵一輩子都沒打過仗，戰鬥力下降得厲害。萬曆二十年（1592 年），豐臣秀吉派出十五萬大軍橫渡海峽，向着對岸的朝鮮發動攻勢。日軍起初勢如破竹，朝鮮軍隊迅速被擊潰。雖然也有李舜臣這樣的朝鮮將領能在海戰中取得優勢，但於事無補。僅僅一個月，朝鮮八道僅剩下平安道以北的小塊區域尚未淪陷。朝鮮國王倉皇逃到中朝邊境的義州，向大明皇帝求援。

　　接到朝鮮的求救信，明朝的官員們卻有些不敢相信。古代沒有偵察機，沒有全球定位系統，沒有網絡攝影機，明朝大臣們誰也看不到朝鮮到底發生了甚麼事，他們不相信日軍的戰鬥力竟然這麼強，還以為朝鮮打算跟日軍同謀，把明軍騙到朝鮮殲滅。最後，經過多番收集資料與考察，深宮裏的萬曆皇帝終於決定，出兵！

　　要打仗，就得先準備好軍隊的口糧。朝鮮國王現在已經渡過鴨綠江來
到明朝，住在明朝境內尋求庇護。朝鮮大部分國土淪陷，無力提供物資支
持。明朝不僅要出兵幫朝鮮打仗，還要自己給士兵們供應糧食。很快，明
軍將領祖承訓率領三千多人渡過鴨綠江，打響了抗倭援朝戰爭的第一戰。
然而，由於連日大雨導致明軍火器受潮，再加上日軍人數遠比想像中多，
雙方人數差距懸殊，導致明軍慘敗，祖承訓灰溜溜地逃回了大明。

　　這次的戰敗警醒了明朝，大明官員發現，日軍不僅人數超出預估，
戰力也不可小視。很快，萬曆調整了策略，命令兵部右侍郎宋應昌總管軍

務，並在全國搜尋將才。很快，最合適的人選出現了，他就是李如松。

李如松出身名門，他的父親李成梁是戰功赫赫的遼東守將，所率領的士兵號稱遼東鐵騎，是明朝最精銳的部隊之一。大家可以看看中朝邊境的地圖，中國的遼寧省、吉林省和朝鮮接壤，李如松父子世代鎮守遼東，派他去救援朝鮮正合適。

李如松帶着弟弟李如柏、李如梅向朝鮮進發，很快就抵達了朝鮮的平壤，駐紮在這裏的是日本第一軍團的小西行長。平壤地勢險要，易守難攻。李如松沒有強攻，而是先仔細觀察地形，制定了周密的作戰計劃。

戰鬥開始時，李如松派兵佯攻北門要塞牡丹峯，吸引日軍注意力，實際上卻把戰鬥重點放在南門。他命令祖承訓率領明軍，身穿朝鮮軍裝攻打南門。由於朝鮮軍隊低下的戰鬥力給日軍留下了深刻印象，一開始，日軍沒把南門的軍隊當回事，等他們發覺這隊「朝鮮軍隊」的實力不同往常時，祖承訓已經率軍突破南門。接着，西門、北門相繼被攻佔，日軍龜縮進城內，試圖展開巷戰，卻被明軍的火炮重擊，死傷無數，殘餘部隊四下流竄。平壤戰役中，明軍傷亡七百九十人，重創日軍九千多人。

平壤大捷後，李如松節節勝利，收復了平壤至開城的許多地區，但在王京附近的碧蹄館遭遇日軍埋伏，一番鏖（áo，粵音 ou1）戰後，雙方均損失慘重。李如松放棄強攻的打算，看準機會燒毀了日軍糧草，缺衣少食的日軍被迫從王京撤走。明軍取得初步勝利。此時，朝鮮名將李舜臣也率領朝鮮軍隊在全羅道一帶取得了一些勝利。朝鮮國王希望保存戰果，加上朝鮮境內瘟疫橫行，實在是沒錢打仗了，就和明朝一起派出使臣去日本議和。

然而，議和的條件卻始終談不攏，日本獅子大開口，不僅要求朝鮮割地求和，還要求明朝下嫁公主，和談沒有成功。

不久，豐臣秀吉再次出兵攻打朝鮮。明朝第二次派兵馳援，在露梁海一帶徹底擊潰日軍，取得了最終的勝利。而發動戰爭的豐臣秀吉，則在第二次開戰後不久就病死了，他的殘部被德川家康趁機收編。至此，一代野心家和他未竟的美夢一起破滅了。

大明軍隊取得了完完全全的勝利。在這場戰爭中，明軍擊潰了日本侵略者，幫助朝鮮守住了國土，和朝鮮人民建立了牢不可破的友誼。萬曆皇帝在《平倭詔》中說，正義之師奮力發威，發動不義戰爭的人，雖然強盛，也必定誅殺！

這就是號稱「萬曆三大征」之一的「抗倭援朝」戰爭，你是否也為中國發起的這場救援行動而感到與有榮焉？

知識加油站 軍事

明軍的火器

在「抗倭援朝」戰爭中，明軍熟練運用各類精良的火器，搭配精妙的戰術，對日軍造成重創。這些火器包括下面幾種。

一、三眼神銃

三眼神銃（chòng，粵音衝）是一種單兵武器，是遼東鐵騎的制式裝備，最早出現在萬曆年間。射程較短，但可以連續發射，構成密集火力。

二、虎蹲炮

虎蹲（dūn，粵音存）炮是戚家軍裝備的火炮，因其擺放的姿勢像是猛虎蹲坐而得名。虎蹲炮以曲射為主，適合在山岳、森林和水田中轟擊，特別適用於野戰。

三、水底雷

水底雷是最古老的水雷，是現代水雷的鼻祖，由中國古代軍事家發明。水雷用木箱作雷殼，內填黑火藥，再用油灰密封，使海水不能進入。當敵船經過時，由人拉動長繩，引爆水雷，擊毀敵船。

當時的世界

1591 年，鄂圖曼帝國開始入侵由哈布斯堡王朝統治的匈牙利。1592 年，萬曆皇帝出兵支援朝鮮。

「爭國本」事件

大臣為皇帝出頭 ································

　　前面說到萬曆皇帝二十多年不上朝，對大臣們的互相傾軋不聞不問，讓朝政陷入混亂。但這可不是萬曆在位時唯一的奇事，還有一樁影響大、牽連廣、跌宕曲折的爭論，就是「爭國本」事件。

　　古人把太子稱為「國之根本」，爭國本，其實爭的就是誰當太子的問題。古代男性可以娶一位妻子和多個妾侍，其中，正妻生的孩子被稱為嫡子，可以繼承家業。如果正妻沒有孩子，則妾侍的孩子中，年紀最大的人擁有繼承權。這叫作「立嫡立長」。萬曆皇帝沒有嫡子，按道理來說應該由大兒子朱常洛繼承皇位，可萬曆一點也不喜歡這個兒子，根本不想把皇位傳給他。

　　朱常洛的母親王恭妃是宮女出身，萬曆看不上她，只喜歡鄭貴妃。鄭貴妃的兒子叫朱常洵（xún，粵音詢），是萬曆的第三個兒子，很討萬曆的歡心。萬曆想將皇位傳給朱常洵，但他心裏明白，放着皇長子不管，卻要去冊立不是嫡子也不是長子的朱常洵，一定會遭到大臣們的激烈反對。所以他剛開始採用的是拖延戰術，絕口不提立太子的事。

　　但大臣們誰也不是傻瓜，萬曆心裏的小算盤大家都心知肚明。皇位的傳承可不是鬧着玩的，即使是功業彪炳的明成祖朱棣，由於得位不正，也一直被人們詬病。如果讓三兒子繼承皇位，那就違反了規矩，會給大明王朝埋下禍患。因此，大臣們絕對不願意聽任萬曆把朱常洵立為太子。轟轟

烈烈的國本之爭就此開始了。

　　還在皇長子朱常洛剛出生的時候，當時的首輔申時行就上書請立他為太子，被萬曆皇帝以皇長子年紀太小的藉口敷衍了過去，説過幾年再冊封。朱常洛五歲時，鄭貴妃生下朱常洵，被「升遷」為皇貴妃，地位遠超朱常洛的生母王恭妃。大臣們心頭警鈴大作，紛紛上書請立朱常洛為太子，有些人説的話還很難聽，激怒了萬曆。萬曆把帶頭上書的人貶官，對其他大臣們的奏章不聞不問。

　　皇長子八歲時，大臣們再次集體請立他為太子，內閣的幾個重臣還集體提出，不立太子就辭職，以此來給萬曆施加壓力。萬曆生怕大臣們辭職以後，自己得親自理政，只好承諾説一年以後就冊封太子，但要求大臣們不准再催他，否則他就反悔。

　　然而，第二年都快到年尾了，萬曆還是沒有冊封的意思，就有大臣沉不住氣再次提起了這件事，遭到了萬曆的處罰。大臣們紛紛表示反對，掀起了一輪上書指責皇帝的風潮。萬曆生氣極了，把領頭的大臣痛打一頓趕回了家。

　　後面又有幾次大型紛爭，萬曆始終沒有讓步，大臣們卻也從不屈服，這件事就一直懸而未決。

　　到了萬曆二十九（1601 年）年，這場爭論已經持續了快十五年，首輔換了四個，被牽連罷免的大臣不計其數。萬曆終於累了，他將已經快二十歲的朱常洛立為太子，可是依然把朱常洵留在皇宮裏，吃穿用度都遠超太子，一留就是十幾年。大臣們又紛紛上書，要求被封為福王的朱常洵按照規矩趕緊去封地，免得他和鄭貴妃危害太子的人身安全。事實證明，他們的擔心不無道理。

　　萬曆四十三年（1615 年），一個叫張差的人手持木棒闖進了太子的寢宮，打傷了守門太監，被聞訊趕來的侍衛抓進了監獄。萬曆命令刑部和大理寺的人審問張差，他先是裝瘋賣傻，被識破以後才招供説，有兩個太監把他帶進宮，又給他了一根木棒，讓他見到穿黃袍的人就打死。——住在太子寢宮穿黃袍的人，可不就是太子嗎？更讓人震驚的是，張差供出的這兩個太監，竟然是鄭貴妃宮裏的！鄭貴妃聽説消息以後，迅速去向萬曆皇

帝哭訴。萬曆擔心繼續追查這件事會牽扯到鄭貴妃和朱常洵，就把張差當作瘋子處死，又殺了他供出的兩個太監，這件事情也就不了了之了。從這以後，萬曆再也不提讓鄭貴妃的兒子當太子的話了。

在執政的第四十八年，萬曆去世了，受盡父親冷落的朱常洛終於當上了皇帝。他廢除了礦稅等傷害百姓利益的稅賦，任用賢明的大臣，革除父親在位時的錯誤政策。可是僅僅一個月後，他就生了重病，又胡亂服用名為紅丸的仙丹，竟然就此一命嗚呼了。

朱常洛還是太子的時候，人們都認為他很賢明，他的英年早逝讓大明失去了好轉的機會。朱常洛死後，皇位落到了他的兒子朱由校（jiào，粵音教）頭上，又一段黑暗的歷史即將開始了。因為相比起當皇帝，朱由校更喜歡當個木匠。

《東西洋考》

萬曆二十三年，張燮（xiè，粵音泄）撰寫的地理學著作《東西洋考》，記載了東、西洋四十多個國家的沿革、事跡、形勢、貿易和物產情況。這裏劃分的「東洋」、「西洋」，基本上指的都是東南亞地區的國家，與「鄭和下西洋」中的「西洋」是同一個意思。在寫作《東西洋考》時，張燮引用了包括《水經注》在內的一百多種書籍，收錄了秦漢以來、尤其是宋、元、明三朝中外關係的各類史料，是後世研究中外關係史、經濟史、航海史、華僑史的重要參考，被時人譽為「開採訪之局，垂不刊之典」，得到了極高的評價。

當時的世界

1613 年，俄羅斯進入羅曼諾夫王朝，它是俄羅斯最強的王朝。
1615 年，「梃（tǐng，粵音挺）擊案」，張差闖太子寢宮。

木匠皇帝朱由校

又一個荒唐的皇帝

說起明朝皇帝的愛好，那可真是豐富多彩。明宣宗愛鬥蛐蛐，明武宗愛偷跑出宮玩，嘉靖皇帝愛煉丹，萬曆皇帝愛躲在宮裏不上朝。到了後來，竟然又出了個愛做木工的皇帝！他就是天啟皇帝朱由校。

上個故事裏我們說到，不得父愛的明光宗朱常洛登基僅僅一個月，就因誤食紅丸而撒手人寰了。皇位的繼承者是他的兒子朱由校，也就是天啟皇帝。

要說到朱由校登基的經過，還真是有點驚險。大家還記得萬曆年間興風作浪的鄭貴妃嗎？在朱常洛的嬪妃裏，也有一位類似的人物，稱為李選侍。朱由校小朋友生母去世得早，從小沒人照顧，被養母李選侍撫養長大。朱常洛去世後，李選侍想垂簾聽政，就把朱由校關在乾清宮，不讓他去前朝面見大臣。

大臣們着急極了，朱由校是未來的皇帝，一直躲在宮裏怎麼治國呢？於是，重臣楊漣、左光斗、方從哲、劉一燝（zhǔ，粵音竟）、韓爌（kuǎng，粵音抗）等人一起來到乾清宮，在正直的太監王安的幫助下，把朱由校從李選侍的控制下騙了出來。這些大臣們

一見到朱由校，就趕緊帶他登上早就準備好的輦（niǎn，粵音 lin5）車，一夥人簇擁着，跟李選侍派出來抓他們的太監在皇宮裏進行了一場「馬拉松」，這才順利護送朱由校到文華殿正式冊封為太子，後來又登基成為皇帝。李選侍本來一直賴在乾清宮不走，後來被左光斗、楊漣等人上書痛罵了一番，只好悻悻然搬走了。

十五歲的朱由校同學終於當上了皇帝。可惜的是，他沒有父親明光宗那樣賢明。由於明光宗不受萬曆皇帝的寵愛，朱由校從小也不被大家重視，沒認真讀過幾天書，學識遠遠趕不上自己的父輩們，甚至連奏摺都看不懂。

與糟糕的知識水平相對的，卻是他高超的木工技藝。朱由校喜歡騎馬，更喜歡做木工。皇宮裏的太和殿、中和殿、保和殿等重建工程，都是這位皇帝陛下親自設計並監督施工的。朱由校喜歡親自用斧頭、鋸子切割木頭，打磨各類精密的木器。即使最心靈手巧的木匠，也比不上朱由校的技藝嫻熟。他還很擅長漆工，日常起居用的器物，全是自己親手選料、打磨、上油漆。

據說，朱由校嫌棄老式的臥牀笨重呆板，需要十幾個人才能移動，樣子也比較醜陋，於是他潛心研究造牀工藝，花費了一年多時間，終於打造出輕便靈巧的折疊牀。

又據說，朱由校還發明過精巧的水戲玩具。他用大銅缸盛滿水，水面蓋上圓木桶，缸下鑿孔，嵌入機關。一往桶裏灌水，水流瞬間傾瀉而出，有時像珍珠飛濺，有時又像瀑布流瀉。還有核桃大的小木球藉着水力上下飛舞，久久不墜。

據說，朱由校還親手打造精巧的小屏風，雕刻《寒梅春雀圖》作裝飾，再交給親信太監帶出宮去兜售，買主的出價如果少於十萬緡（mín，粵音民），就堅決不賣。

朱由校樂此不疲地沉浸在木工的世界裏，倒也不是為了創造甚麼流芳百世的作品，而是為了享受創作的快樂。他性子急，想到甚麼就立刻去做，早上想到的點子，往往晚上就做出了成品。每次做好一件器具，他都愛不釋手，但沒幾天就把舊作品拋到腦後，繼續創作新玩具。對於自己的

作品，他只要覺得有一點不合自己心意的地方，就拆了重建，如此周而復始，絲毫不感到厭倦。

朱由校「工作」的時候，不分寒暑，廢寢忘食。不是親近的大臣，一概不見。如果實在有大臣要匯報要緊的政務，就讓他站在旁邊唸，自己一邊工作一邊聽。等大臣們唸完了，朱由校就隨口吩咐他們：你們用心去處理吧，我知道了。

在這樣的情況下，有些心術不正的人就特意利用機會，趁朱由校沉浸在製作木工的時候去見他。最典型的就是朱由校身邊的親信太監魏忠賢。

魏忠賢每次拿着公文請朱由校批示，都特意挑選他忙着測量尺寸、刀砍斧鑿的時候。朱由校很討厭受到他的打擾，就讓他自行決定。很快，魏忠賢就開始肆無忌憚地插手朝政，帶領明朝走進了一段無比黑暗的時期。

 知識加油站 科學

明代流行的架子牀

上面故事中講到，喜歡做木匠的朱由校嫌棄臥牀笨重呆板。其實明代有另外一種牀非常流行，叫架子牀。架子牀一般有四根或六根立柱，頂蓋四周圍裝木板，冬天可以在架子上掛帳保暖，夏天可以掛紗防蚊，睡在其中具有一定的私隱。

魏忠賢弄權

只比皇帝少一千歲 ●●●●●●●●●●●●●●●

　　上個故事裏我們提到，朱由校是個傑出的巧手木匠，卻把大明王朝這件作品雕刻得一塌糊塗。最主要的原因，是他為了專心發展自己的木工事業，把朝政都交到了大太監魏忠賢的手上。

　　明朝出現過很多作惡多端的太監，有慫恿明英宗御駕親征，造成「土木堡之變」的王振；有統領西廠，整天變着花樣逮捕大臣的汪直；還有縱容明武宗沉溺享樂，趁機奪取朝政大權的劉瑾。這些太監每個都一肚子壞水，做過的壞事罄（qìng，粵音慶）竹難書。可是跟魏忠賢比起來，他們又都算不了甚麼了。

魏忠賢是天啟皇帝最信任的太監，他年輕的時候是個無賴，因為在街頭聚眾鬥毆，實在混不下去，才躲進了宮裏，成為一個宦官。魏忠賢比較擅長搞門面功夫，很會逢迎上級，所以一開始人緣還挺不錯的。後來，魏忠賢和天啟皇帝的乳母客氏結成了一夥。天啟登基後，客氏被封為「奉聖夫人」，魏忠賢也藉着客氏的光，地位水漲船高。

天啟的木匠工藝技術特別嫻熟，但看人的眼光實在是太差了。他非常信任魏忠賢和客氏，把朝廷裏的政務都交給這兩人處置。這兩個人的勢力就越來越大，他們的本性也逐漸暴露出來。

魏忠賢沒甚麼學問，但是記性很好，為人陰毒猜忌，凡是得罪過他的人，都會遭到他的報復。他每天除了哄着天啟皇帝縱情聲色，就是在暗地裏培植黨羽，壯大自己的勢力。為了牢牢把持住權力，他跟客氏聯手謀害天啟皇帝的嬪妃和孩子，以防宮中出現聰明的皇子，不好控制。皇宮被魏忠賢控制得風雨不透，一些無辜的宦官、宮嬪被謀害，皇宮外的人誰也不知道。有些大臣察覺了他的野心，先後上疏彈劾，但是天啟信任魏忠賢，這些正直進諫的大臣反而遭到了責罵。

在朝廷中也不是沒有能和魏忠賢抗衡的大臣，最有代表性的是東林黨人。東林黨起源於萬曆年間，一個叫顧憲成的官員因為正直敢言得罪皇帝，被罷了官。他回到無錫老家，開設了東林書院，定期講學傳播自己的思想，漸漸地吸引到了一批志同道合的文人。這些學子在一起時難免議論時政，針砭時弊，還會批評當朝不作為的大臣。後來，一些東林黨人考取了功名，成為朝廷重臣，逐漸登上歷史舞台。上個故事裏我們提到的，帶着朱由校在皇宮中「賽跑」、最終幫助他成功登基的楊漣和左光斗，就是這些學子中的代表人物。

正直的大臣們對魏忠賢的倒行逆施感到非常不滿，不斷地上書彈劾他。魏忠賢對這些人當然心生嫉恨，恨不得馬上消滅他們。

天啟四年（1624 年），魏忠賢的外甥和黨羽合謀，上書誣告大臣汪文言收受賄賂，還牽連到了左光斗和魏大忠。後來，大臣們相繼上書批評魏忠賢的所作所為，都被魏忠賢假借天啟的名義斥責了。重臣楊漣內心非常憤怒，他大筆一揮，細數魏忠賢犯下的迫害大臣、干涉朝政、謀害妃嬪等

二十四條罪狀，寫成奏摺交給皇上。魏忠賢看到奏章裏揭發了這麼多自己的罪過，害怕極了，趕緊跑到天啟皇帝面前哭訴，客氏也在一邊勸解。天啟傻乎乎的不懂事，沒有追究魏忠賢的罪過，反而溫和地安慰了他，並斥責了敢說真話的楊漣。隨後，全國各地有七十多位大臣一起上書檢舉魏忠賢的罪過，天啟皇帝卻始終不信。

仗着天啟的寵愛，魏忠賢開始了瘋狂的反撲。他編造了一個貪污受賄的罪名，把反對過他的汪文言、楊漣、左光斗、魏大忠等人關進了監獄，還派自己的心腹許顯純來審問這些人。許顯純是個心狠手辣的惡棍，他嚴刑拷打這些大臣，企圖屈打成招。然而，魏忠賢低估了大臣們的氣節，汪文言、楊漣、左光斗等人，儘管被折磨得體無完膚、不成人形，卻從未向他屈服。許顯純見這些人寧死不屈，乾脆把他們全都害死了。從此，東林黨的精銳力量幾乎全部喪失，朝廷中再也沒有能跟魏忠賢和他的黨羽抗衡的人。

這些大臣的鬥爭雖然失敗了，他們英勇就義的精神卻給魏忠賢留下了深刻的印象。他開始污蔑和抹黑東林黨人，企圖敗壞他們的名聲。他的黨羽王紹徽為了討好他，特意編寫了《東林點將錄》，仿照水滸一百零八將的形式，把所有不依附於魏忠賢的大臣，都指為東林黨。據說魏忠賢非常喜歡這本書，這就讓他的黨羽更加肆無忌憚地對東林黨發動攻擊。

魏忠賢大權在握，把自己的親戚全都封了大官，縱容他們過着飛揚跋扈、紙醉金迷的生活。為了滿足自己的私慾，他派出東廠太監到全國各地徵收財物，凡是違抗他心意的人，就會遭到殘酷的鎮壓。有個公主的兒子家裏收藏了御賜的寶物，魏忠賢謊稱他的寶物是偷來的，就把他殺掉，自己奪走了寶物。有個叫吳懷賢的小官稱讚楊漣的奏章寫得好，立刻被殺害並抄了家。大街上的人只要敢說上一兩句得罪魏忠賢的話，立刻就會面臨被抓捕、殺害，甚至剝皮拔舌的懲罰。

為了更好地控制朝政，魏忠賢重用自己的親信，稱他們為「五虎」、「五彪」、「十狗」、「十孩兒」等。在這樣的高壓統治下，沒有人敢於和魏忠賢作對。朝廷官員依附於他，爭相向他獻媚示好。有個肉麻的官員甚至說，皇上是萬歲，魏忠賢就是九千九百歲，因此大家都稱呼魏忠賢為

「九千歲」。各地官員紛紛給他立生祠供奉他，甚至有人提議，應該在國子監裏建造魏忠賢的生祠，讓他跟孔子並列！

　　整個天啟朝間，魏忠賢一直獨攬大權，無法無天。後來天啟皇帝落水染病，又誤飲「仙露」延誤了病情，年僅二十二歲就暴病身亡，魏忠賢甚至插手到了皇位的廢立中，給繼任者崇禎造成了許多麻煩。

　　而天啟皇帝留下的爛攤子可不止是一個魏忠賢，既有內憂，也有外患。在下個故事裏，讓我們的視線從宮廷中暫時離開，轉而前往北方邊境，了解袁崇煥抗擊後金的故事。

《五人墓碑記》

　　魏忠賢操弄朝政時期，對東林黨人進行了殘酷的迫害。天啟六年（1626 年），他派人去蘇州逮捕敢於反抗他的周順昌。宦官們抵達蘇州，卻遭到了蘇州市民的激烈反抗，引發民變，宦官們被憤怒的市民痛打一頓。後來，魏忠賢派人大肆搜捕帶頭反抗的人們，顏佩韋等五人為了保護大家，挺身而出，投案自首。為了紀念死去的烈士們，蘇州人民把他們安葬在虎丘山前山塘河大堤上。大文學家張溥目睹了這一切，寫成《五人墓碑記》，以歌頌蘇州人民的高尚和勇氣，揭露魏忠賢及閹黨的殘酷無恥。

當時的世界

　　1620 年，魏忠賢開始專權。一百零二名英國清教徒乘坐「五月花號」航船從英國出發，漂洋過海來到了北美，在北美新英格蘭建立起殖民地。這便是美國的前身。

用大炮來守城

不一樣的袁崇煥 • • • • • • • • • • • • • • • •

　　就在魏忠賢興風作浪的時候，北方由女真族建立起來的後金露出了獠牙，不斷向大明發起進攻。

　　前面提到過，春秋戰國時期，韓趙魏等國就開始修建長城了。明朝為抵抗北方少數民族的入侵，更是先後十八次修築長城，並派駐軍隊守衛。如今我們看到的長城，主要就是明代修築的。長城最東邊有一道關卡位於燕山腳下，靠近渤海，這就是有「天下第一關」之稱的山海關。山海關在明都城北京以東大約三百公里的地方，一向是守衛北京的重要屏障。以山海關為界，東北邊被稱為「關外」，西邊則被稱為「關內」。關外有一條遼河，遼河流域被統稱為遼東地區，大約是現在遼寧省所在的地方。沿着遼東再往東北走，就到了當時後金的地盤了。

　　遼東也是明朝的地盤，可是到了天啟年間，大部分都被後金佔領了。天啟二年，後金軍在努爾哈赤的帶領下攻佔了遼東的廣寧，眼看着就要逼近山海關。後金一旦佔領山海關，北京可以說就完全暴露在後金軍的鐵蹄之下了。

　　明朝的大臣們都十分慌張，焦急地挑選抗擊後金的人選。這時候，有個人放出豪言：「只要給我兵力和軍費，我一個人就可以守住這裏！」這個人叫袁崇煥。袁崇煥雖然是文臣出身，卻對軍事很感興趣，經常拉着人討論兵法。他聽說了廣寧被佔領的消息，就偷偷瞞着所有人，獨自去關外查看地形，回來後才發表了這番豪言。

　　終於有個人站出來了！負責軍事的大臣們樂壞了，趕緊給了袁崇煥二十萬軍餉，派他到前線招兵買馬。一開始袁崇煥駐守在山海關內，後來，從遼東趕往山海關方向的難民越來越多，他就去關外的寧遠安置難民。經過細緻的考察後，袁崇煥認為寧遠的位置十分重要，如果守不住寧遠，山海關就會陷入危險之中。他將這個想法匯報給了他的上司孫承宗，孫承宗與他一拍即合，立刻帶着他展開了一場「保衛寧遠行動」。

他們先從修建城牆開始，袁崇煥帶士兵整整花費了一年的時間，重新為寧遠修築了厚厚的城牆。後來，他們還收復了寧遠以北的二百里土地，在山海關、寧遠和寧遠北部的錦州間建立了一道防線，讓寧遠不至於直接暴露在後金軍的面前。關外各地的百姓聽到寧遠有了堅固的防守，都聚集了過來。

然而，當時把持朝政的魏忠賢卻讓這一切努力付諸東流。魏忠賢不喜歡孫承宗，拚命地跟天啟皇帝講他的壞話，導致孫承宗被罷免了。取代他的是魏忠賢的親信高第。這是個沒甚麼能力的傢伙，他剛到遼東就告訴大家，關外一定守不住，大軍應該撤進山海關內才安全。

袁崇煥聽到消息後簡直要急瘋了，好不容易在關外築起了一道防線，怎麼能輕易放棄呢！他幾次勸說高第，卻始終沒法讓他改變主意。無奈之下，袁崇煥堅持守在寧遠，說甚麼也不走。高第懶得理他，命令關外的軍隊和百姓全部回到關內。由於這道命令下得實在是太倉促了，大軍為了加快行軍速度，竟然丟棄了十幾萬擔軍糧。

就這樣，除了袁崇煥帶人堅守在寧遠城，明朝軍民都退到了山海關內。這麼做誰最開心？當然是後金首領努爾哈赤呀。他馬上親自率領十三萬大軍，向着寧遠進發。

寧遠此時只有一萬多守軍，雙方實力懸殊，而高第龜縮在山海關裏面，讓他來救援是沒甚麼指望了。危機之下，袁崇煥寫下血書，與將領們約定，一定要苦戰到最後一刻，誓死守衛寧遠城。

很快，努爾哈赤率領後金軍浩浩蕩蕩地來了。他先是勸袁崇煥投降，被一口拒絕，於是就率軍開始了進攻。看着黑壓壓的敵軍，袁崇煥亮出了他早已準備好的祕密武器——紅夷大炮。這是從荷蘭進口過來的新式武器，由於荷蘭人是留着紅頭髮的「蠻夷」，這種大炮就被稱為紅夷大炮。

在隆隆的炮火聲中，一團團火藥和鐵砂混着明軍的怒火在後金軍中炸開，炸翻了一大片後金軍。努爾哈赤下令抬出堅固的戰車攻城，但在猛烈的炮火下也沒甚麼用，後金軍傷亡慘重。

雙方激戰了三日三夜後，後金軍忽然撤退了。據說是由於努爾哈赤本人被炮火擊傷，所以不得不灰溜溜地回家休養去了。在回家路上，努爾哈赤心情鬱悶，沒過多久就去世了。

這場戰役打贏了，明朝上下舉國歡騰，袁崇煥也因此一戰成名。但可笑的是，這場戰役後，魏忠賢的親信們都加封了官職，而真正立下功勳的袁崇煥卻沒得到任何封賞。隨後，袁崇煥又打了幾次勝仗，同樣沒有得到封賞，反而遭到了魏忠賢的責難，被迫辭了官。

直到天啟死後，他的繼任者崇禎皇帝聽說了袁崇煥的名聲，親自召見了他，和他討論收復遼東的策略。袁崇煥感受到了皇帝對自己的看重，有些飄飄然，就誇下海口，許諾五年內收復遼東。

崇禎聽完袁崇煥的話，非常高興。而大臣許譽卿卻發現袁崇煥只是隨便說說，他提醒袁崇煥，皇帝難道是你能隨便敷衍的人嗎？到五年後你沒收復遼東，又要怎麼辦？

袁崇煥這才發現自己惹禍了，於是他連忙告訴崇禎，五年內收復遼東的計劃不容易完成，要讓他實現目標，崇禎皇帝就得全心全意支持他，給他必要的物資，不要聽信小人的讒言。崇禎皇帝很爽快地答應了這些要求，命令官員們都好好配合袁崇煥，還承諾他只要能收復遼東，一定對他大加封賞。

帶着皇帝的信任，袁崇煥回到了邊關。後金軍隊好幾次前來騷擾，都被他打敗了。可惜的是，此時的袁崇煥變得有些驕傲了。他發現鎮守東江鎮的副總兵毛文龍權力很大，對他也不恭敬，就給毛文龍定了十二條罪狀，在沒有得到崇禎皇帝允許的情況下，殺掉了毛文龍。為了安撫毛文龍的部下，他又跟崇禎要了大量的軍餉。這使得崇禎對他產生了懷疑，君臣間埋下了猜忌的種子。

就在這時，努爾哈赤的兒子皇太極率軍氣勢洶洶地來了。皇太極汲取了前面幾次進攻寧遠失敗的教訓，繞開寧遠，從內蒙古直接向北京發起了進攻。袁崇煥知道消息後嚇出了一身冷汗，趕緊前去救援。可他得知消息太晚，等他趕到時，皇太極距離北京已經不到二十里了。雖然皇太極最終

被打退，明軍的損傷卻也很大。朝廷中很多大臣嫌袁崇煥救援速度太慢，甚至懷疑他是給後金軍帶路的。

崇禎本來就是個疑心重的人，聽了這些話，也懷疑袁崇煥投靠了後金。就在這時，從後金軍營裏逃出來的兩個太監偷聽到一個祕密消息，説袁崇煥早就投降了後金，皇太極是故意退兵的。

崇禎聽到太監的報告，心裏的懷疑一下坐實了。他下令把袁崇煥關進監獄，又以「通敵叛國」的罪名處死了他。

看到這裏，大家是否對這件事感到奇怪，一向忠心耿耿的袁崇煥真的變成了叛徒嗎？當然沒有。其實這是皇太極設的「反間計」，他故意讓兩個太監偷聽到假情報，再放了他們，讓他們把假情報傳遞給崇禎。崇禎果然上了當，幫助皇太極殺掉了他最大的敵人。

就這樣，一代傳奇名將袁崇煥，不明不白地死在了「自己人」手裏，釀成千古奇冤。

知識加油站 軍事

關寧錦防線

「寧遠大捷」後，袁崇煥一方面修補被戰火破壞的寧遠，另一方面開始努力搭建關寧錦防線。關寧錦防線自山海關起，經過寧遠，聯通錦州，配合四十多個堡壘作為聯合防禦的據點。關寧錦防線分為南段和北段，南段為關寧防線，北段為寧錦防線。憑藉關寧錦防線，明朝取得了「寧錦之戰」的大勝。這條防線存續了十幾年之久，崇禎十五年（1642年）的「松錦之戰」後，清軍佔領錦州，關寧錦防線分崩離析。

當時的世界

1626年，「寧遠大戰」。西班牙殖民者開始入侵台灣，並佔領了基隆和淡水，明朝政府根本無暇顧及。

李自成起義
一個郵差失業帶來的後果 ⋯⋯⋯⋯⋯⋯⋯

在前面的故事裏，我們見證了大明王朝的發祥、興盛、中興、頹敗。而在接下來的故事裏，我們將會一起見證大明王朝的滅亡。

終結大明王朝的人，叫李自成。

李自成是陝西米脂人，家裏世代都是農民。明朝末年，陝西地區連年大旱，老百姓們窮得活不下去，李自成在驛站當了個郵差，賺的錢不多，但好歹能餬口。

可是沒過多久，崇禎皇帝認為驛站花錢養了太多閒人，就下令裁撤各地驛站，李自成失業了。這時候，全國各地災患連連，朝廷的賦稅又不斷加重，到處都有吃不上飯的老百姓發動起義。李自成先是投靠起義軍首領王左掛、張存孟，這兩個人戰敗投降後，李自成率領軍隊投奔了舅舅「闖王」高迎祥。李自成作戰勇猛，頭腦靈活，很受高迎祥賞識。高迎祥讓李自成率領一個隊的士兵，把他稱為「闖將」。

面對四處開花的農民起義軍，崇禎皇帝焦頭爛額，不斷派兵鎮壓。一開始，起義軍完全不是明軍的對手，明軍勢如破竹，打敗了混世王、滿天星、姬關鎖、翻山動等起義軍頭領。剩下的高迎祥、張獻忠、李自成等人非常害怕，就集結在一起，齊心協力對抗明軍，卻在河北遭到了將領左良玉和曹文詔的圍追堵截，起義軍腹背受敵，眼看着就要被一舉殲滅了。這時，北方的後金軍隊突然對明朝的邊境發起了猛烈的進攻，曹文詔被緊急調到大同「滅火」。起義軍頭領看準機會，率軍衝出包圍圈，從河南境內脫險。

崇禎七年（1634 年），朝廷大官陳奇瑜集結陝西、湖廣、河南等地的兵力，想把起義軍一網打盡。高迎祥、張獻忠、李自成、羅汝才被打得四處竄逃，不小心鑽進了陝西興安的車廂峽，被堵在這裏接近兩個月。車廂峽四面環山，難以越過，唯一的出山通道被明軍堵住。農民起義軍糧食不

足，人困馬乏，陷入了絕境。李自成聽取了下屬的計策，謊稱投降，等明軍放他們出谷，又殺掉明軍官員，逃出生天。

崇禎八年（1635年），高迎祥感覺這樣一直被明軍追着打不是辦法，就與各路起義軍首領相約在河南滎（xíng，粵音型）陽聚會，共同討論作戰方案。在滎陽大會上，有些人唉聲歎氣，想回家去避避風頭。李自成站出來說，獨自一個人鼓起勇氣，尚且能威懾到別人，現在集結在這裏的有十萬人，難道不能奮勇拚搏嗎？他還提出了分兵作戰的方案，建議起義軍兵分幾路，分別出擊。首領們認可了他的說法，就通過抽籤決定了方向，各自出戰。

李自成和高迎祥、張獻忠一起，直衝鳳陽。這時候鳳陽在開花燈會，守衞鬆懈，他們不費吹灰之力就攻下了鳳陽，焚毀了朱元璋父母的墳墓，連朱元璋做皇帝前出家的皇覺寺也未能幸免。大家都知道，古代人宗族觀念非常重，崇禎還在做皇帝，祖墳卻被「反賊」燒毀了，簡直是奇恥大辱。得知這件事後，崇禎又急又氣，大哭了一場。

一年後，高迎祥戰敗被殺，李自成繼承了他的軍隊，號稱「闖王」，繼續在四川、甘肅、陝西一帶跟明軍作戰。崇禎十年，新上任的兵部尚書楊嗣昌張開天羅地網，把起義軍牢牢限制在各地，再各個擊破，逐步殲滅。起義軍遭到了重大危機，張獻忠兵敗投降，李自成被擊潰，帶着僅剩的十七個人逃入陝西東南的商洛山中休養生息，等待着復起的機會。

此時的大明王朝像身患重病的病人，到處都是漏洞。崇禎十二年（1639年），河南再次大旱，餓殍（piǎo，粵音剽）遍地。要是在以往，朝廷應該減免賦稅，開倉賑饑，可是此時北方的後金軍攻勢正猛，朝廷沒錢打仗，只好拚命從老百姓身上搜刮錢財。李自成趁機從商洛山中帶領幾千人衝到河南，打開官府的糧倉，給飢餓的老百姓分配糧食，並且承諾不收賦稅，得到了老百姓的熱烈歡迎。百姓們紛紛幫助義軍作戰，傳唱着「殺牛羊，備酒漿，開了城門迎闖王，闖王來時不納糧」的歌謠。

在老百姓的支持下，李自成迅速佔領河南全境，又相繼攻佔湖北、陝西。崇禎十七年（1644年），李自成在西安稱帝，封賞官員，建立了大順王朝。接着，他起兵向東，途經山西，連續攻克大名、真定、大同、宣

府、陽和，居庸關的守將和鎮守太監們不戰而降。

　　幾乎沒費甚麼力氣，李自成就來到了北京城下。坐在皇宮裏的崇禎皇帝，迎來了滅頂之災。

《天下郡國利病書》

　　《天下郡國利病書》，是明末清初傑出的思想家顧炎武的作品。顧炎武年少時就有氣節，敢於與宦官弊政作鬥爭。他觀察到明朝末期政治腐敗、人民生活困苦、內憂外患頻仍，立志尋找社會的出路。於是他博覽羣書，留心收集全國地理資料，並親自走訪南北獲取經驗，經過十幾年的努力，彙編成《天下郡國利病書》。這本書彙集了晚明時期的地理風貌、軍事部署、糧草供應、農民起義、經濟政策、周邊國家等各種情況，對我們現在了解古代邊境各地和國外的情況仍然有重要參考價值。

當時的世界

　　1628 年，英國議會通過了一項名為《權利呈請書》的法案，該法案大大限制了國王的權力，規定國王不得任意逮捕人，不得隨意發動戰爭等。1630 年，李自成正式加入了起義軍。

明朝的覆亡

這個皇帝太多疑 ●

　　說到「最後」這兩個字，好像總是讓人有些難過。像是「最後一天假期」、「最後一口蛋糕」，真叫人惆悵。大明王朝的故事已經進入尾聲，現在讓我們來認識明朝最後的皇帝——崇禎皇帝朱由檢。

　　前面我們說到，天啟皇帝年紀輕輕就一命嗚呼了，他沒有子嗣，最適合繼承皇位的人就變成了他的弟弟信王朱由檢。天啟臨死前曾囑咐朱由檢，一定要重用魏忠賢。所幸朱由檢遠比哥哥聰明，還在封地的時候，他就經常聽說魏忠賢的種種劣跡，早就下定決心要殺掉他。

　　朱由檢剛進宮的時候，魏忠賢權勢滔天，宮裏全是他的眼線。朱由

檢一開始根本不敢吃宮裏的飯，為甚麼？怕魏忠賢下毒呀！等到順利登基，朱由檢就開始暗示羣臣彈劾魏忠賢。藉着大家彈劾的名義，他削去魏忠賢的官職，把他貶往鳳陽。魏忠賢走投無路，在一個破敗的驛站裏上吊自殺了。

魏忠賢終於被消滅了！朱由檢再接再厲，迅速剿滅了魏忠賢的餘黨，昭雪和撫恤了無辜蒙冤的大臣。整個明朝權勢最大、作惡最多的太監魏忠賢，終於徹底倒台。

壞人已經死了，接下來就要安心工作啦。朱由檢白天拚命處理政務，晚上則一直批閱奏章到一兩點。二十幾歲的小伙子，熬得頭髮都白了。他就這樣拚命地做呀做呀，可是情況反而越來越糟了。

公平地說，不能只怪朱由檢的工作能力不行，明朝現在的情況太糟糕了。他接下來要面對的敵人，在戰鬥力上遠遠超過魏忠賢。

第一個敵人：天災。崇禎在位時，全國各地都遇上了罕見的旱災，陝西、河南等地，沒有一年不遇上大旱的。上天一直不下雨，河流枯竭，莊稼得不到灌溉，田地沒有收成。老百姓們餓得受不了，就吃野菜、樹葉，吃一種被稱為「觀音土」的礦物粉，有些地方甚至還發生了人吃人的慘劇。大量貧民餓死，又爆發了可怕的瘟疫，人們的日子就更難過了。

第二個敵人：流民。國家的錢來源於稅收，如果不徵稅，在北方抗擊後金的將士們吃不上飯，就會造反；官員們沒有工資，也不會上班。所以，明知道各地年景都不好，莊稼沒有收成，可是朝廷還是要硬着頭皮去跟老百姓要錢。有些農民實在沒錢繳稅，就揭竿而起反抗明朝的統治，變

成流民。他們每到一個地方，就有大量貧困人民前來投靠。為了剿滅流民，朝廷要花更多的錢來養活軍隊，就要收更多的稅，逼着更多人造反。這樣反反覆覆成了惡性循環，流民怎麼都剿滅不了了。

第三個敵人：後金。從萬曆年間開始，後金就一直在北方邊境摩拳擦掌，時不時地來搶掠一番。崇禎九年（1636年），皇太極改國號為「清」，加緊了對明朝的進攻。崇禎十三年（1640年），皇太極率軍圍攻錦州，邊境告急。崇禎慌忙調來全國的精銳士兵，交給大將洪承疇率領，火速去前線救援。可惜洪承疇遠不是皇太極的對手，在「松山城之戰」中，明軍大敗，連洪承疇也變成俘虜投降了。就這樣，明朝在關外的城池全部陷落，只剩下吳三桂率殘軍困守寧遠。從這以後，明朝再也沒有能力反抗入侵的清軍，國門幾乎完全向清軍敞開。

天災降臨、後金擾邊、農民起義，這些事一股腦兒同時發生了，朝廷軍隊又要抗擊後金，又要圍剿流民，東奔西跑，最後哪件事也沒做好。

情況這麼棘手，崇禎整天着急上火，氣得要命，變得越來越多疑，看哪個大臣都覺得不順眼。遇到天災、流民、打了敗仗這些事，他不管大臣們遇到了甚麼樣的困難，只要在幾個月內看不到情況好轉，就直接換個官員重新開始處理。大臣們動不動就要被皇帝痛罵，官職也經常換來換去，甚至有的還隨隨便便被砍了頭，比如我們熟悉的袁崇煥。

崇禎脾氣壞到甚麼程度呢？袁崇煥死後，他曾經的上司孫承宗還在遼東苦苦堅守，收復了一些領土，還得到了崇禎的嘉獎。結果有一次清軍來襲，他吃了敗仗，崇禎就覺得他太沒用了，直接撤了他的官，把他趕回家歇着，再也沒有重用。

還有個叫盧象升的官員，在抗擊清軍時立下了大功，可崇禎聽信了讒言，懷疑盧象升不好好作戰，不斷削減他的兵權，導致盧象升帶着一點點兵力陷入了清軍的包圍圈，不幸戰死了。

想做事的人都被崇禎殺掉了，這種情況下，誰還敢主動站出來效忠皇帝呢？文臣武將們紛紛開始混日子。就這樣，崇禎越是多疑，越是想管好大臣們，反而就越是沒人可以用。

雖然崇禎對大臣們刻薄又多疑，可他畢竟工作得很勤奮。我們伸出手

指數一數明朝歷代的皇帝，崇禎絕對不是最差勁的。然而，延續二百多年的大明王朝就像一艘搖搖欲墜的舊船，崇禎還沒來得及補上船頭的窟窿，船尾就又開始漏水了。

最終，崇禎十七（1644 年）年，李自成攻入北京。三月十九日拂曉，皇城外火光衝天，崇禎鳴鐘召集百官，卻無一人前來。他見大勢已去，為了保存自己的尊嚴，就在煤山老槐樹上上吊自盡了。

崇禎臨死前留下書信，說他無顏面對列祖列宗，所以脫下帝王的冠冕，用頭髮蓋住臉，屍身任由敵人毀傷，只求他們不要傷害百姓。

崇禎是大明這艘船上的最後一個船長，他試圖挽救糟糕的局勢，最終卻無力回天。崇禎死後，綿延二百七十六年的大明王朝，正式宣告滅亡。

知識加油站 文學

《崇禎曆書》

崇禎年間，徐光啟、李之藻、李天經、湯若望等人花五年時間編譯了一本天文學著作，命名為《崇禎曆書》。該書上半部分介紹曆法，下半部分比較全面地介紹了大量天文學理論、天文數學用表、天文儀器等當時歐洲的天文學知識。《崇禎曆書》中明確引入了「地球」的概念，介紹了球面和平面三角學的計算方法，以及黃道座標系的概念等。雖然名字帶有「崇禎」，但實際上，由於晚明戰亂，這本書直到清初才被改名為《時憲曆》，正式頒行。

當時的世界

1644 年，李自成攻入北京，崇禎皇帝自縊於煤山，明朝滅亡。1645 年，英國克倫威爾領導了一支被稱為「新模範軍」的軍隊擊敗了王黨軍，標誌着英國即將成為共和國。

小說的繁榮
小說家的自我修養 ●

　　你知道《西遊記》嗎？你是不是也幻想過自己能變成孫悟空，翻一個筋斗就到十萬八千里以外，吹一吹汗毛就能變出許多小猴子陪你一起玩？

　　《西遊記》成書於明朝後期，相傳是由吳承恩所寫。吳承恩是嘉靖時期的一個文人，他從小就愛看書，也很有寫作的天分，可惜運氣不好，考了好幾次科舉都沒考上，反而花了不少路費，生活變得越來越窮困。在考試的過程中，他遇到了

各種各樣的人，見識到了官場的黑暗，對科舉制度積累了一肚子的不滿。

如果你遇到了不開心的事，你會怎麼排解呢？是跟爸爸媽媽抱怨，還是寫在自己的日記裏？而吳承恩表達不開心的方式，就是在小說裏幻想出一個天不怕地不怕的「美猴王」，再讓美猴王去大鬧天宮，跟如來佛鬥法。雖然吳承恩最終也沒如願當上大官，但是他創作的小說可是赫赫有名，直到幾百年後的今天，大家還都喜歡聽西天取經的故事。

提到《西遊記》，就必須聊聊小說這個文體了。我們前面說過唐詩、宋詞、元曲，而最能代表明清時期文學成就的，就是小說。

明朝時期小說的繁榮，跟當時人們生活條件的改善有關係。大家知道，我們國家最早是依靠農業發展起來的，人們每天都在一畝三分地裏拚命耕種，自己種田自己吃，自己縫衣自己穿，稍有懈怠就得餓肚子，沒有閒工夫去追求甚麼精神生活。

從宋朝開始，製瓷、採煤、冶煉、棉紡織等民間手工業漸漸發展起來，老百姓們生產的東西多了，自己用不完，就拿去跟別人交換，促進了商業的發展。到明朝後期，江南一帶的城市裏就出現了很多紡織工場。這些地方的市民們每天去工場上班，從工場主手中領取工資，就算不種地，也能花錢買吃的。

市民手裏有了錢，不用像農民一樣從早到晚拚命耕作，空閒時間就想

到處去玩一玩。藉着這股東風，城市裏就開始流行話本表演。甚麼是話本呢？民間藝人收集各類傳說和故事，再精心編輯成説話的劇本，配合手舞足蹈的肢體語言，吸引觀眾觀看自己的表演。觀眾們看得開心，就給他們幾個賞錢。這就是話本，也就是小説的前身。

我們熟悉的《西遊記》也是從話本演變來的。《西遊記》的故事最早出現於唐朝，取材於玄奘（zàng，粵音狀）法師去印度遊學的故事。到了後來，民間出現了很多以這個故事為底本的戲曲，被話本藝術家們帶到各地表演。吳承恩汲取了這些話本的營養，又添加了自己瑰麗奇詭的想像，這才創作出了流芳後世的《西遊記》。

設想一下，如果你是萬曆年間住在浙江的市民小甲，你可以去工場上班，到布店買布，偶爾休息不上班的時候，就到茶館聽人説書。説書人講的是最新出的本子《西遊記》，唐三藏帶着三個徒弟從東土大唐出發，經過九九八十一難，千辛萬苦走到西天取經。這生活，是不是還挺愜意的？

除了《西遊記》，明朝還湧現出了很多優秀的小説。有一位叫施耐庵的作家，創作了鼎鼎大名的《水滸傳》，他出生的年代比吳承恩要早很多，那時甚至還沒有明朝呢！

據説施耐庵是元朝末期的一個小官，他覺得元朝官場簡直太黑暗了，就一狠心「辭職」不做了。後來，他聽説張士誠在召集人馬反抗元朝的統治，就跑去給他當了軍師。施耐庵的願望很美好，可惜張士誠貪圖享樂，只信任愛拍馬屁的小人，對施耐庵等忠臣的建議左耳朵進右耳朵出。施耐庵對此很失望，就辭別了張士誠，開始浪跡天涯。

他漂泊到江陰，在一個富戶家裏當教書先生，閒暇之餘開始搜集整理北宋時期梁山好漢的故事，這就是小説《水滸傳》的雛形。後來，張士誠被朱元璋打敗，為了躲避朱元璋的追殺，施耐庵就在一個叫白駒的地方隱居，開始閉門寫書。大家還記得我們提過的北宋時農民起義軍首領宋江嗎？《水滸傳》講的就是宋江這些人的故事。

據説，《水滸傳》之所以能夠出版，跟施耐庵的徒弟羅貫中還有關係。羅貫中的父親是江南地區的絲綢商人，但是羅貫中對做生意一點也不感興趣，反而很喜歡泡在酒樓裏聽説書，整天跟一些説書藝人和劇作家混在一起。後來，羅貫中覺得自己應該建立一番事業，就去投奔了張士誠。

不過跟他的老師一樣，羅貫中見識了張士誠的作風後，也感覺跟着他沒甚麼希望，就回到家鄉開始專心寫書。

用現在的話說，羅貫中是個猛人，不僅幫助老師修訂了《水滸傳》，自己也創作了好幾本小說，最著名的是我國歷史上第一部長篇章回體小說《三國演義》。大家都看過三國時期的歷史，提到諸葛亮、劉備、曹操……你一定不陌生，《三國演義》講述的就是這段時期的故事。

《水滸傳》、《三國演義》、《西遊記》，以及清朝時成書的《紅樓夢》，並稱為我國古代四大名著。四大名著是中國的經典文學作品，也是世界文化史上的寶貴遺產。

木板水印

提到小說的繁榮，就不能不說說印刷術的進步。明朝後期，我國「木板水印」技術實現了印出多種顏色的效果，這是一種中國特有的彩色版畫印刷技術。它採用水墨及顏料在木板上雕刻和印刷，集繪畫、雕刻和印刷於一體，色彩豐富，也能大大提升印刷效率，促進了我國書畫的複製與保存。木板水印年畫是我國一項寶貴的非物質文化遺產，體現着我國手工藝人的勤勞與智慧。

當時的世界

1573 年，吳承恩完成《西遊記》。1605 年，西班牙的小說家塞萬提斯創作出了長篇反騎士小說《唐吉訶德》。這部小說被稱為西方文學史上第一部現代小說，被翻譯成多種文字，在世界上廣為流傳。

明朝的科技
黑暗時代的一束光 ●●●●●●●●●●●●●●●●●●●●●●●●●●●●●●●

　　有一句話叫作「萬般皆下品，唯有讀書高」。在中國古代，幾乎所有的讀書人都夢想着通過科舉考試獲得官職，繼而建功立業。可是也有一些人，卻勇敢地選擇了一條「下品」的道路——追尋科學的奧祕。

　　正是因為有這些人，明朝的科技才達到了我國古代的巔峯，湧現出一些熠熠生輝的科技成就。在這個故事裏，我們就會認識幾位傑出的醫學家、科學家、地理學家。

　　號稱「藥聖」的李時珍，家中世代行醫，他的父親、祖父均為傑出的醫生，李時珍從小耳濡目染，對醫學表現出了極大的興趣。

　　在我們生活的時代，醫生備受大家尊重。可是在明朝，醫生的地位卻很低下。李時珍的父親希望兒子不要再當醫生，而是通過科舉考取功名，所以悉心教導他讀書。李時珍在十四歲時就考中了秀才，後來卻好幾次都沒考上舉人。但李時珍並不難過，他的夢想是成為救死扶傷的醫生。他先是跟隨父親學醫，後來因為治好了某位王爺的兒子，被楚王禮聘為王府醫官，再後來又去了皇帝的太醫院工作。在太醫院時，李時珍認為嘉靖胡亂服用丹藥會損害身體，但沒有人聽他的話。幾年後，他辭官回鄉，在家鄉坐堂行醫，名聲大噪。

　　李時珍在多年治病行醫的過程中，發現古代的醫書上記載的草藥有幾千種，但是很多種藥材被記錄得糊裏糊塗，有時候一種藥材被取了兩三種名字，有時候幾種不同的藥材被含糊成一種。因此，他遊歷全國，廣泛地搜尋各類藥材，又參考了幾百種醫書，花了近三十年時間，寫出了《本草綱目》。這本書詳細記載了各類藥材的性狀、藥效和常用藥方，被人們競相收藏。

　　接下來我們將要認識的是徐光啟，他雖然是土生土長的中國官員，卻能開眼看世界，學習了很多西方的先進知識。

大家知道，現在出國留學是一件很常見的事情。但是在明朝，人們都覺得大明是世界上最先進、最強盛的國家，根本不屑於向其他國家學習。而萬曆時期的官員徐光啟，卻虛心向意大利的傳教士利瑪竇學習，獲得了很多天文、數學、火器相關的知識，結合他在軍事、農政、鹽鐵和水利方面的經驗，翻譯了《幾何原本》、《泰西水法》等西方科學作品，又編纂了《農政全書》、《崇禎曆書》等巨作，為中西方文化交流作出巨大貢獻。

　　徐光啟最為人稱道的，還是他在農業方面的貢獻。除了編撰前面說到的《農政全書》等書籍，他還做了很多實際工作呢。大家都喜歡吃熱乎

乎、香噴噴的烤蕃薯，而蕃薯在全國的推廣，也有徐光啟的功勞。天啟年間，江南地區水患嚴重，農作物歉收，百姓們食不果腹。家住上海的徐光啟了解到福建一帶有人種蕃薯，就開始嘗試在家鄉種植這種產量高、耐貧瘠的農作物。經過多番嘗試，徐光啟終於在上海試種成功，並把它向全國推廣，解救了無數正餓着肚子的老百姓。這可真是了不起的功勞呢！

說到古代農業和手工業的集大成者，那莫過於明朝末期的宋應星了。

在古代，人們觀察到了許多自然現象，有些被演化為民間傳說，有些被零散地收錄在各類作品裏。而宋應星的偉大成就，就在於把這些分散的、真假不明的知識，進行了總結、甄別和提煉，彙編成為一本有系統的著作《天工開物》，讓這些知識流傳至今。《天工開物》裏記錄了水稻耕種、油料榨取、蠶種培育、農具改良等農學知識，幫助人們學習先進的農業經驗，以提高農作物的產量。

更難能可貴的是，《天工開物》裏包含着許多近現代科學的曙光。宋應星是世界上第一位發現鋅（xīn，粵音伸）和銅鋅合金的科學家，他記載了鋅的冶煉技術，使我國很早就能夠大規模煉鋅，早於世界上任何國家，是我國金屬冶煉業的豐碑。他還對各類聲音進行了具體的分析，指出了聲音從哪裏來、如何傳播，指出聲音的本質是氣流的傳播，與現代物理學中的聲學研究非常接近。宋應星還跳出了古代人迷信鬼神的窠臼（kē jiù，粵音科舅），提倡通過實驗和觀察求得真理。這種思想，即使放到現在也毫不過時呢！

最後，我們來認識一下史上最有名的旅行家 —— 徐霞客吧。

你有沒有夢想過自己未來的職業？如果有一種職業是遊山玩水，探索世界，你是不是覺得還蠻不錯的？晚明的徐霞客，就是一位把旅遊當作畢生職業的人。他走遍了大半個中國，探索各地的自然風光、地理奧祕、風俗奇觀，留下了六十萬字的《徐霞客遊記》，具有很高的地理學、史學價值，也是文學史上的佳作。

提到旅遊，你一定覺得這是又輕鬆、又好玩的事。但徐霞客旅遊可不是「齋玩」，他在遊覽的過程中，找出了長江的源頭是金沙江，糾正了從戰國到當時人們認為長江源是岷江的錯誤觀念；他還是世界上對石灰岩進

行考察的先驅，指出了流水和石灰岩之間的相互作用關係；除此之外，他還研究過火山、温泉、氣候變化、山水名勝，為地理學發展作出了貢獻。

徐霞客被稱作「千古奇人」，在國際上也有非凡的影響力。在美國、日本、新加坡等國，還有學者專門成立徐霞客研究學會呢！

明朝時期的科技成就還有很多，李時珍、徐光啟、宋應星、徐霞客這些人，醉心於當時人們眼中的「旁門左道」，沒有按照出將入相的常規路線建立功勳。然而，撥開歷史的煙塵，我們也許會更加牢記這些推動科技前進的人們。

 知識加油站 科學

《農政全書》

《農政全書》是明末科學家徐光啟的代表作，成書於萬曆年間，介紹了中國古代農業生產和農民生活的方方面面。我國古代不乏農學著作，早在北魏，賈思勰（xié，粵音協）就曾寫作《齊民要術》，元代王禎（zhēn，粵音蒸）也寫作了《農書》。《農政全書》不僅在農業知識上超越前作，由於徐光啟本人的仕宦經歷，書中也貫徹着治國治民的「農政」思想，這是前人所不及的。《農政全書》記載了水旱蟲災的危害和救災措施，記錄了幾百種可供充飢的野菜。

 當時的世界

1600 年，英國東印度公司成立。這個由英國政府特許經營的公司，擁有大量的殖民地，它的成立為英國向亞洲東部擴展奠定了基礎。1603 年，徐光啟結識了利瑪竇，開始向利瑪竇學習西方的科學。

責任編輯　楊紫東　潘沛雯

裝幀設計　鄧佩儀

排　版　陳美連

印　務　劉漢舉

穿越中國五千年❾：明朝

歪歪兔童書館 ◎ 著繪

出版｜中華教育

香港北角英皇道 499 號北角工業大廈 1 樓 B 室

電話：(852) 2137 2338　傳真：(852) 2713 8202

電子郵件：info@chunghwabook.com.hk

網址：http://www.chunghwabook.com.hk

發行｜香港聯合書刊物流有限公司

香港新界荃灣德士古道 220-248 號荃灣工業中心 16 樓

電話：(852) 2150 2100　傳真：(852)2407 3062

電子郵件：info@suplogistics.com.hk

印刷｜泰業印刷有限公司

香港新界大埔工業邨大貴街 11 至 13 號

版次｜2024 年 3 月第 1 版第 1 次印刷

©2024 中華教育

規格｜16 開（230mm x 170mm）

ISBN｜978-988-8861-38-5